PROVERBES

DRAMATIQUES.

TOME CINQUIEME.

PROVERBES DRAMATIQUES.

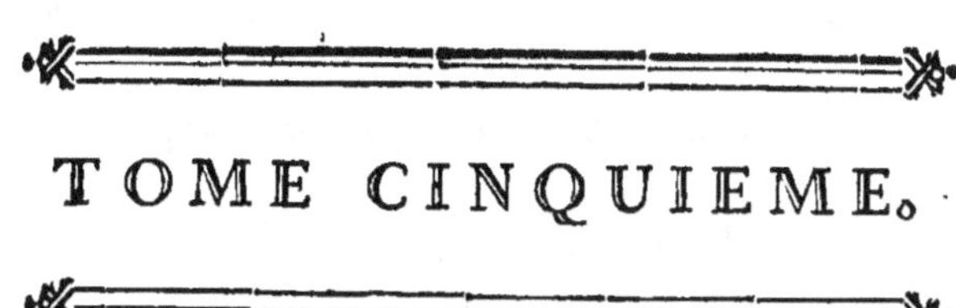

TOME CINQUIEME.

A PARIS,

Chez LEJAY, Libraire, rue Saint - Jacques,
au Grand Corneille.

M. DCC. LXXIII.
Avec Approbation, & Privilège du Roi.

TABLE

DES PROVERBES

Contenus dans ce cinquieme Volume.

L'IMPORTUN.

L'IMPORTUN.

SOIXANTIEME PROVERBE.

PERSONNAGES.

LA COMTESSE DE CLÉRANCY,
LE CHEVALIER DE SOURVILLE, } *bien mis.*
LE MARQUIS DE BLANPRÉ,

LE VICOMTE DES BORNES, *habit brun à Brandebourgs d'or, veste d'or, jarretieres noires, grande perruque à nœuds brune, épée & canne.*

LE GRIS, *Valet-de-chambre de la Comtesse, habit & veste rouge à boutons d'or.*

La Scène est chez la Comtesse dans son sallon.

L'IMPORTUN,

PROVERBE.

SCENE PREMIERE.

LE MARQUIS, LA COMTESSE,

Le MARQUIS.

Je vous jure, Madame, que le Chevalier n'est point coupable.

La COMTESSE.

Non, Marquis, je ne veux plus entendre seulement parler de lui.

Le MARQUIS.

Vous renvoyez ses lettres, vous ne voulez plus le voir & sans être sûre du tort que vous croyez qu'il a.

La COMTESSE.

Sans être sûre ?

Le MARQUIS.

Mais oui, j'avoue que les apparences sont contre lui.

La COMTESSE.

Quoi, un billet écrit de fa main ?

Le MARQUIS.

Il eft vrai.

La COMTESSE.

Et vous croyez pouvoir le juftifier ? Non, Monfieur, ce feroit envain que vous l'entreprendriez.

Le MARQUIS.

Mais qui vous a remis ce billet ?

La COMTESSE.

Une femme mafquée, au bal de l'Opéra.

Le MARQUIS.

Affez grande ?

La COMTESSE.

Oui.

Le MARQUIS.

Et vous n'avez-vous pas reconnu la Baronne de Belleville ?

La COMTESSE.

Pardonnez-moi, & c'eft ce qui m'a fait fentir la noirceur du procédé. Il a feint de m'aimer pour me facrifier à elle. Le voilà ce billet ; lifez pour voir comment vous pourrez le juftifier. Vous connoiffez fon écriture ?

Le MARQUIS.

Oui, c'eft de lui. (*Il lit.*) „ Ne croyez donc „ pas, Madame, que je puiffe aimer la Com-

» teſſe ; j'ai voulu m'amuſer de ſes prétentions,
» en feignant pour elle une paſſion, que vous
» ſeule êtes capable de m'inſpirer toute ma
» vie. «

La COMTESSE.

Eh bien, Monſieur, que direz-vous à cela?

Le MARQUIS.

Que la Baronne a voulu ſe venger de ce que
vous lui avez enlevé le Chevalier? Elle l'a mandé
elle-même à une femme de ſes amies qu'elle
croyoit brouillée avec le Chevalier, & qui lui a
montré ſa lettre : & ſi vous vouliez il vous
l'apporteroit ; car je lui ai conſeillé de tâcher
de l'avoir.

La COMTESSE.

Cette lettre prouvera-t-elle que ce billet n'eſt
pas du Chevalier?

Le MARQUIS.

Non vraiment ; mais vous y verrez que la
Baronne a retrouvé par haſard ce billet que lui
écrivit un jour le Chevalier, qui dans un ſouper
avoit feint de l'amour pour la Comteſſe de
Rénicart, une femme de Province, ſi ridicule,
que vous avez vu ici il y a un an.

La COMTESSE.

Quoi, Marquis, vous ne me trompez point?

Le MARQUIS.

Vous verrez cette lettre, ſi vous permettez
que le Chevalier vous l'apporte.

La COMTESSE.

Mais en vérité....

Le MARQUIS.

Pouvez-vous héfiter, après tout ce que vous lui avez fait fouffrir auffi injuftement ?

La COMTESSE.

Ai-je été plus tranquille que lui ?

Le MARQUIS.

Je vais dire à votre porte qu'on le laiffe entrer, n'eft-ce pas ?

La COMTESSE.

Il faut bien y confentir , puifque vous le voulez.

Le MARQUIS.

J'admire l'effort que vous faites.

SCENE II.

La COMTESSE, Le VICOMTE, Le GRIS,

Le GRIS, *annonçant.*

Monsieur le Vicomte des Bornes.

La COMTESSE.

Pourquoi l'a-t-on laiffé entrer ? Dites que le Chevalier de Sourville doit venir.

Le GRIS,

Oui, Madame.

Le VICOMTE.

Madame la Comtesse, veut bien que j'aie l'honneur de lui présenter mon respect.

La COMTESSE.

Asseyez-vous donc. Vous me paroissez en bonne santé ?

Le VICOMTE.

Oui, Madame, assez, comme cela; c'est à-dire, toujours goutteux, tantôt bien, tantôt mal.

La COMTESSE.

Et la Vicomtesse ?

Le VICOMTE.

Mais comme à son ordinaire, pas mal; c'est dire pourtant avec ses vapeurs.

La COMTESSE.

La campagne ne l'a pas guérie ?

Le VICOMTE.

Pardonnez-moi, tout l'été elle n'en a pas eu; c'est-à-dire, jusqu'à la S. Jean, qu'elles lui sont revenues.

La COMTESSE.

C'est un triste état que celui-là.

Le VICOMTE.

Oh! on ne peut pas plus triste; c'est-à dire, quand je dis triste, c'est quand on est seule; car quand on a du monde, & puis moi surtout qui cherche à l'égayer, cela suspend fa douleur ; & ce qui me le prouvoit, c'eſt qu'elle s'endormoit l'après-dîner, preſque toujours.

La COMTESSE.

Comment avez-vous pu la quitter?

Le VICOMTE.

Ce ſont les affaires qui m'ont appellé ici, & rien ne cède à cela, comme vous ſavez; cependant quand je dis les affaires, c'eſt-à-dire, que je n'en ai point, car je n'ai rien à demander, aucun procès à ſolliciter : j'ai un revenu fixe qui ne peut s'accroître ni diminuer; mais il faut ſe mettre au courant de Paris, on ſe rouille dans la Province; quand je dis on ſe rouille, c'eſt à-dire, qu'on ne ſe rouille pas quand on a toujours vécu avec des gens comme ſoi, ou d'autres, cela eſt égal.

La COMTESSE, *bâillant.*

Ce que vous dites-là bien vrai.

Le VICOMTE.

Quand on eſt amuſant on a toujours des reſſources ; quand je dis des reſſources, c'eſt-à-dire, que hors Paris il n'y en a gueres; mais nous ſavons nous en faire, & c'eſt là-deſſus que je voulois vous demander des conſeils, & comme vous faites quand vous êtes à votre terre de Clérancy.

SCENE III.

La COMTESSE, Le CHEVALIER, Le VICOMTE, Le GRIS.

Le GRIS, *annonçant.*

Monsieur le Chevalier de Sourville.

Le CHEVALIER.

Ah! Madame, vous permettez enfin.....

Le VICOMTE.

Quoi, c'eſt le Chevalier ? Que je ſuis aiſe de vous voir! Mais faites vos complimens, je vous parlerai après.

La COMTESSE.

Aſſeyez-vous donc, Meſſieurs.

Le CHEVALIER.

Madame, je vous apporte une lettre que je vous prie en grace de lire, vous verrez....

La COMTESSE.

Donnez.

Le CHEVALIER, *donnant la lettre.*

La voici.

La COMTESSE, *mettant la lettre dans ſa poche.*

Je la lirai.

Le VICOMTE.

Madame, ſi je vous gêne.... (*Il ſe leve.*)

Le CHEVALIER, *à part.*

Sûrement.

La COMTESSE.

Point du tout, Vicomte.

Le VICOMTE.

J'en suis très aise (*Se raſſoyant.*) C'eſt une choſe très-agréable que les lettres.

Le CHEVALIER.

Il y en a, Monſieur, qui cauſent quelque-fois bien du chagrin.

Le VICOMTE.

Ce que vous dites-là eſt bien vrai, par exemple; quand je dis bien vrai, c'eſt-à-dire, pas toujours, car....

Le CHEVALIER.

Monſieur, quand une lettre vous fait paroître coupable, & que vous ne l'êtes pas....

Le VICOMTE.

Ah diable! vous parlez-là de choſes fort fâcheuſes, mais très fâcheuſes.

Le CHEVALIER.

Déſeſpérantes, Monſieur !

Le VICOMTE.

Oui, déſeſpérantes; quand je dis déſeſpé-rantes, c'eſt-à-dire, cependant qu'il y a du remede à tout.

Le CHEVALIER.

Mais comment perfuader qu'on eft inno-
cent ? Madame, croyez-vous que cela foit aifé ?

La COMTESSE.

Il faut avoir patience, Monfieur.

Le VICOMTE.

Oui, oui, rien ne fe fait auffi promptement
qu'on le voudroit ; on rencontre fouvent des
obftacles que l'on n'a pas prévu.

Le CHEVALIER.

Eh, Monfieur ! je ne le fai que trop, dans ce
moment-ci fur-tout.

Le VICOMTE.

Quand je dis des obftacles, c'eft-à-dire,
qu'il n'y en a pas toujours que l'on ne puiffe
vaincre ; par exemple, j'ai eu beaucoup de difficultés pour la terre que je voulois acheter ;
il y avoit des fubftitutions, des .... je ne fai
pas trop comment vous dire, enfin des chofes
qui m'empêchoient de l'acquérir ; cela ne m'a
point rebuté, parce qu'elle me plaifoit. Savez-
vous ce que j'ai fait ? J'en ai acheté une autre
qui me plaît davantage.

La COMTESSE.

Vous avez des expédiens admirables pour
tout.

Le VICOMTE.

Ah oui, voilà ce que j'ai au-deffus de tout
le monde, c'eft un grand avantage ; quand je

dis un avantage, c'eſt-à-dire, qu'il n'y en a pas dans cela, l'imagination fait tout ; il faut ſavoir imaginer comme je fais toujours.

Le CHEVALIER.

Si vous pouviez imaginer, par exemple, un moyen de ſe défaire des importuns, ce ſeroit un ſecret bien agréable.

Le VICOMTE.

Vous avez bien raiſon, les importuns ſont inſupportables : quand je dis inſupportables pourtant, c'eſt-à dire, que cela ne me fait rien à moi.

La COMTESSE.

Je le crois, ſans cela on ſeroit trop à plaindre.

Le VICOMTE.

A plaindre, ſans doute ; quand je dis à plaindre, c'eſt-à-dire, qu'on ne i eſt pas ; parce qu'il n'y a qu'à faire comme je fais : quand je ſuis dans une maiſon auprès d'une belle Dame, comme Madame la Comteſſe, par exemple, je me trouve ſi bien, que j'y paſſerois la journée, ſans que perſonne pût m'y déplaire : auſſi je ne fais ſouvent qu'une viſire dans toute une après-dîner ; voilà comme je ſuis.

Le CHEVALIER.

Ah ! je ſuis perdu ! (*A la Comteſſe.*) Madame....

La COMTESSE.

Quoi ?

Le CHEVALIER.

Eſt-ce qu'il ne s'en ira jamais ?

La COMTESSE.

La converſation de Monſieur vous plaît ?

Le VICOMTE.

Ecoutez donc, vous êtes bien honnête ; mais quand on s'amuſe, on amuſe toujours les autres. Quand je dis on amuſe , c'eſt-à-dire, qu'on n'amuſe pas , mais qu'on doit amuſer.

Le CHEVALIER.

S'il y en a qu'on amuſe, il y en a bien que l'on impatiente.

Le VICOMTE.

Oui, oui, comme vous dites.

Le CHEVALIER.

Mais , Monſieur, eſt - ce que vous n'allez jamais au Spectacle ?

Le VICOMTE.

Non , jamais ; quand je dis jamais, c'eſt-à-dire, à Paris, car je l'aime beaucoup ; on joue la Comédie tout l'été dans ma terre des Bornes.

La COMTESSE.

Tout l'été, cela doit être charmant !

Le CHEVALIER, *à la Comteſſe.*

Il ne finira jamais ſi vous lui laiſſez entamer cette converſation-là.

Le VICOMTE.

Quand je dis tout l'été , c'eſt-à-dire , dans

l'automne ; parce que dans l'été il fait trop chaud. Nous avions des pieces charmantes, parce que je les faifois ; quand je dis je les faifois, c'eft-à dire, que je ne les faifois pas entiérement , parce que je prenois des fcènes toutes faites des meilleurs Auteurs, que je joignois enfemble.

La COMTESSE.

Je ne comprends pas bien cela.

Le VICOMTE.

Je m'en vais vous l'expliquer.

La COMTESSE.

Vous me ferez plaifir.

Le CHEVALIER, *à part.*

Pour moi j'en mourrai d'impatience.

Le VICOMTE.

Vous favez , Madame ; quand je dis vous favez , c'eft à-dire , peut-être que vous ne le favez pas, parce que vous n'y êtes pas obligée; mais il faut le favoir pour m'entendre. Pour bien faire une Comédie , il faut que chaque perfonnage ait un caractere : or on les a tous faits & très bien : je prends donc la meilleure fcène de l'Avare , que je mets avec la meilleure du Joueur , du Glorieux , du Mifantrope; vous concevez bien , ou plutôt vous ne pouvez pas concevoir cela fans l'avoir vu. Quand il me manque des vers , & que je n'en trouve pas abfolument , j'en fais pour joindre le tout enfemble.

La COMTESSE.

Quoi, vous faites des vers?

Le VICOMTE.

Oui vraiment, & de très bons ; quand je dis
que j'en fais, c'est-à dire, que je n'en fais pas;
mais j'ai de la mémoire, je prends une rime
d'un côté, une rime d'un autre, dans tout ce
que je me rappelle, & voilà comme cela va,
en cherchant un peu.

La COMTESSE.

Vous devriez bien en faire pour moi.

Le VICOMTE.

Avec grand plaisir, quand vous voudrez.

Le CHEVALIER.

Oh, oui, Madame, vous donnera du tems.

La COMTESSE.

Non, je voudrois que ce fut tout-à-l'heure.

Le VICOMTE.

Je ne demande pas mieux; quand je dis pas
mieux, c'est-à-dire.....

La COMTESSE.

Il n'y a qu'à sonner, on vous apportera du
papier, de l'encre....

Le CHEVALIER.

Si Monsieur passoit dans votre cabinet, il
ne seroit point distrait.

Le VICOMTE.

Oui , je ferois beaucoup mieux, c'eft-à-dire
pourtant qu'ici......

La COMTESSE.

C'eft que j'aurois voulu le voir travailler.

Le CHEVALIER.

Non , non ; Monfieur , voulez-vous bien
paffer. (*Il le conduit.*)

Le VICOMTE.

Très-volontiers , très-volontiers. (*Il revient.*)
Je ne ferai pas long-tems , ne vous impatien-
tez pas ; quand je dis....

Le CHEVALIER.

Eh , vous perdez du tems.

Le VICOMTE, *allant dans le cabinet.*

Allons , allons ; vous avez raifon ; quand je
dis que vous avez raifon , c'eft-à dire....

SCENE IV.

La COMTESSE, Le CHEVALIER.

Le CHEVALIER.

Ah ! Madame, je n'ai jamais autant fouffert
de ma vie !

La COMTESSE.

J'ai vu toute votre impatience, & elle m'a
fait le plus grand plaifir.

Le CHEVALIER.

Le CHEVALIER.

Comment !

La COMTESSE.

Elle vous a justifié entiérement vis-à-vis de moi, & si bien que je vous rends votre lettre, que je ne veux pas lire seulement.

Le CHEVALIER.

Ah ! Madame, quel bonheur de ne plus vous paroître coupable !

La COMTESSE.

Me pardonnerez - vous cette petite vengeance dont je viens de jouir ?

Le CHEVALIER.

Je ne la méritois pas ; puisque je n'ai jamais cessé de vous adorer ; & si j'avois à me plaindre, c'est de ce que vous m'en avez pu soupçonner : mais je crains que le Vicomte ne vienne encore troubler mon bonheur.

La COMTESSE.

Eh bien, passons par le jardin, pour aller chez ma mere. Sonnez.

SCENE V.

**La COMTESSE, Le CHEVALIER,
Le GRIS.**

La COMTESSE.

JE vais chez ma mere; vous direz au Vicomte
qui eſt dans mon cabinet, que j'ai été obligée
de ſortir, que j'en ſuis bien fâchée, & que je
le prie de me revenir voir, & recommandez
bien au Suiſſe de ne le plus laiſſer entrer.

Le GRIS.

Oui, Madame.

La COMTESSE.

Allons, Chevalier. (*Ils ſortent.*)

SCENE VI.

Le VICOMTE, Le GRIS.

Le VICOMTE, *un papier à la main.*

JE n'ai pas été long-tems, comme vous voyez....
Mais où eſt-elle donc, la Comteſſe?

Le GRIS.

Monſieur, elle eſt très-fâchée d'avoir été
obligée de ſortir.

Le VICOMTE.
Elle est sortie ? quand je dis sortie....

Le GRIS.
Oui, Monsieur le Vicomte.

Le VICOMTE.
Pendant que je fais des vers pour elle ?
c'est-à-dire....

Le GRIS.
Elle vous en fait bien excufes, & elle vous
prie de revenir bientôt la voir.

Le VICOMTE.
Sûrement ; quand je dis sûrement....

Le GRIS.
Vous n'y manquerez pas ?

Le VICOMTE.
Je n'ai garde ; c'est une femme charmante.
Ah ça, tenez, vous lui donnerez ces vers que
je viens de faire : si elle n'en est pas contente,
je les corrigerai quand je reviendrai : quand je
dis que je les corrigerai, c'est-à-dire....

Le GRIS.
En ce cas-là elle les trouvera bien.

Le VICOMTE.
Je suis pressé un peu ; quand je dis que je
suis pressé, c'est-à-dire, que j'attendrois, si elle
revenoit bientôt.

B ij

Le GRIS.

Elle eſt ſortie pour toute la journée.

Le VICOMTE.

Je reviendrai demain ou après demain ; c'eſt-
à dire.... ſi je le peux.

Le GRIS.

Ce ſera la même choſe ; c'eſt égal.

Le VICOMTE.

Adieu : n'oubliez pas de lui donner ces vers,
toujours ; c'eſt-à-dire ...

Le GRIS.

Oui, oui. (*Ils s'en vont.*)

Fin du ſoixantieme Proverbe.

LE CHIEN

JUPITER.

SOIXANTE-UNIEME PROVERBE.

PERSONNAGES.

M. DE SAINT-AURELE, *robe-de-chambre brune à grandes fleurs, bonnet de nuit, pantoufles & mouchoir de col.*

Mlle DE SAINT-AURELE, *Fille de M. de Saint-Aurele, en robe-de-chambre, tablier vert, & coëffée en petit bonnet.*

M. DE VALBERT, *habit rouge galonné, épée, & chapeau uni.*

FLAMAND, *Laquais de M. de Saint-Aurele, redingotte croisée à boutons plats, & petite perruque ronde.*

La Scène est chez M. de Saint-Aurele, dans un sallon.

LE CHIEN
JUPITER.
PROVERBE.

SCENE PREMIERE.

Mlle. De SAINT-AURELE, M. De VALBERT.

Mlle. De SAINT-AURELE.

Comprenez-vous bien ce que je vous dis?

M. De VALBERT.

Oh, sûrement, je vous écoute avec attention.

Mlle. De SAINT-AURELE.

C'est que quelquefois vous êtes si distrait
en écoutant....

M. De VALBERT.

Je vous jure que je ne pense qu'à vous, que
je ne parle que de vous, & que je ne suis jamais occupé d'autre chose.

B iv

Mlle. De SAINT-AURELE.

Oui, quand il ne le faut pas ; & je fuis fûre que ce font vos diftractions qui auront appris à mon pere que nous nous aimons.

M. De VALBERT.

Oh , je ne fuis plus diftrait.

Mlle. De SAINT AURELE.

Vous ne l'êtes plus ?

M. De VALBERT.

Non , non , je me fuis bien corrigé.

Mlle. De SAINT-AURELE.

Qui , très bien ; en fortant hier de la maifon où nous avons foupé , vous avez fait à Madame de Berly toutes les queftions que vous me faites ordinairement , & toujours en l'appellant Mademoifelle.

M. De VALBERT.

Moi ?

Mlle. De SAINT-AURELE.

Je vous ai entendu lui parler de fon pere, qui eft mort il y a dix ans ; vous lui demandiez s'il fortiroit aujourd'hui.

M. De VALBERT.

Cela n'eft pas poffible.

Mlle. De SAINT-AURELE.

Cela ne devroit pas être ; mais, avec vous,

çela n'eſt pas étonnant, Songez donc à tout ce que vous devez faire pour déterminer Madame votre mere à faire parler à mon pere ; car, comme je vous le répete, je ſuis perſuadée qu'il ſonge très-ſérieuſement à me marier : & s'il s'entête une fois de quelque projet, vous pouvez compter que rien ne le fera changer de ſyſtême.

M. De VALBERT.

Vous croyez donc qu'il n'aura pas de répugnance à vous marier avec moi ?

Mlle. De SAINT-AURELE.

Non, à préſent. Il y a huit jours cela auroit été différent ; votre procès n'étoit pas gagné, & votre fortune n'étoit pas aſſurée comme elle l'eſt actuellement.

M. De VALBERT.

Je ne vous en aimois pas moins, & ce ne feroit pas votre fortune qui me feroit changer de ſentiment.

Mlle. De SAINT-AURELE.

Je le crois ; mais ce n'eſt pas de ma fortune qu'il étoit queſtion, c'étoit de la vôtre.

M. De VALBERT.

Ai-je dit autre choſe ?

Mlle. De SAINT-AURELE.

Voilà ce que j'avois de preſſé à vous dire,

& c'eſt ce qui m'a fait deſirer de vous voir ce foir, avant que mon pere fût rentré.

M. De VALBERT.

Quoi! vous n'avez pas autre choſe à me dire? Ah! vous ne m'aimez plus!

Mlle. De SAINT-AURELE.

Mais je crois que vous êtes fou?

M. De VALBERT.

Oui, je le ſuis, d'aimer une ingrate....

Mlle. De SAINT-AURELE.

Sûrement, vous plaiſantez: où eſt l'ingratitude de vous preſſer de faire tout ce qu'il eſt poſſible, pour déterminer mon pere en votre faveur?

M. De VALBERT.

Ah! je vous demande pardon.

Mlle. De SAINT-AURELE.

Vous voyez bien que j'avois raiſon de vous reprocher vos diſtractions; puiſque même dans ce moment-ci, vous..... Mais qu'entends-je? je crois que c'eſt mon pere qui rentre déja.

M. De VALBERT.

Je vais m'en aller.

Mlle. De SAINT-AURELE.

Et par où? vous le rencontreriez ſûrement.

Ecoutez, je vais vous cacher dans ce cabinet....

M. De VALBERT.

C'eſt bien dit. (*Il va pour y entrer.*)

Mlle. De SAINT-AURELE.

Attendez donc, il ne viendra peut-être pas ici tout de ſuite : il ſe déshabille toujours de l'autre côté.

M. De VALBERT.

Eh bien, que faut-il que je faſſe ?

Mlle. De SAINT-AURELE.

Quand il ſera endormi , vous ſortirez du cabinet.

M. De VALBERT.

Pour vous aller trouver dans votre chambre ?

Mlle. De SAINT-AURELE.

Non pas, s'il vous plaît ; pour vous en aller chez vous.

M. De VALBERT.

Rien n'eſt plus aiſé.

Mlle. De SAINT-AURELE.

Oui, pour un autre ; mais pour vous....

M. De VALBERT.

Ne craignez rien.

Mlle. De SAINT-AURELE.

S'il éteint ſa lumiere, vous ne trouverez jamais la porte , & vous ferez du bruit.

M. De VALBERT.

Oh, la porte, elle eſt à gauche. (*Il montre à droite.*)

Mlle. De SAINT-AURELE.

Oui, à gauche, de ce côté-là ?

M. De VALBERT.

Qu'eſt-ce que cela fait ? pourvu que je **vous** réponde de la trouver.

Mlle. De SAINT-AURELE.

Mais je crains que vous ne faſſiez du bruit, & que mon pere ne ſe réveille.

M. De VALBERT.

Eh bien, il croira que c'eſt ſon chien.

Mlle. De SANT-AURELE.

Et pourquoi voulez vous qu'il le croie ?

M. De VALBERT.

C'eſt que je le contrefais à merveile.

Mlle. De SAINT AURELE.

Vous ?

M. De VALBERT.

Oui, vous ne vous ſouvenez pas qu'avec mon mouchoir je contrefaiſois le bruit qu'il fait, quand il ſe gratte la teigne qu'il a à l'oreille.

Mlle. De SAINT-AURELE.

C'eſt de Jupiter que vous voulez parler ?

M. De VALBERT.

Oui; voulez vous que je vous montre? (*Il secoue son mouchoir.*) Ecoutez, écoutez.

Mlle. De SAINT-AURELE.

Eh non, non.

M. De VALBERT.

Vous ne voulez pas entendre?

Mlle. De SAINT-AURELE.

Eh, Jupiter est mort il y a six mois.

M. De VALBERT.

Mais il en a un autre; c'est la même chose.

Mlle. De SAINT-AURELE.

Point du tout, Sultan ne se gratte pas. En vérité vous me faites trembler!

M. De VALBERT.

Soyez tranquille.

Mlle. De SAINT-AURELE.

Je ne saurois l'être; & si mon pere vient à découvrir que vous êtes ici, cela l'irritera contre nous deux, & détruira tous nos projets.

M. De VALBERT.

Ne craignez rien; je vous réponds de tout.

Mlle. De SAINT-AURELE.

Ne sortez pas qu'il ne soit bien endormi.

M. De VALBERT.

Oui, oui.

Mlle. De SAINT-AURELE.

Que lorſque vous l'entendrez ronfler. Je crois que le voilà qui vient; entrez dans le cabinet. (*M. de Valbert entre dans le cabinet.*)

SCENE II.

Mlle. De SAINT-AURELE, M. De SAINT-AURELE, *en robe-de-chambre &* *en bonnet de nuit*, FLAMAND.

M. De SAINT-AURELE, *touſſant.*

FLAMAND, vous n'oublierez donc pas demain matin, d'aller par-tout où je vous ai dit.

FLAMAND.

Oui, Monſieur.

Mlle. De SAINT-AURELE.

Papa, vous êtes rentré de bonne-heure.

M. De SAINT-AURELE.

C'eſt que ce ſoir je ne me porte pas bien; mon aſthme me tourmente. (*Il touſſe.*)

Mlle. De SAINT-AURELE.

Couchez-vous, au lieu de vous amuſer à lire, comme vous faites toujours.

M. De SAINT-AURELE.
Je me garderai bien de me coucher ce foir.

Mlle. De SAINT-AURELE.
Pourquoi donc ?

M. De SAINT-AURELE.
A caufe de mon oppreffion qui augmente-
roit encore; je vais me mettre fur ma chaife
longue. (*Il touffe.*)

Mlle. De SAINT-AURELE.
C'eft bien cruel de fouffrir comme cela.

M. De SAINT-AURELE.
Que veux-tu, mon enfant, il faut bien vouloir ce qu'on ne peut empêcher.

Mlle. De SAINT-AURELE.
C'eft que vous ferez mal à votre aife, &
que vous ne pourrez pas dormir.

M. De SAINT-AURELE.
Je lirai.

Mlle. De SAINT-AURELE.
Oui ; mais cela vous échauffe. Ah ! papa ,
ne lifez pas ce foir.

M. De SAINT-AURELE.
Mais c'eft que je m'ennuirai.

Mlle. De SAINT-AURELE.
Vous dormirez.

M. De SAINT-AURELE.

Je le voudrois bien. Flamand, vous irez chez mon Notaire, ſavoir s'il ſera chez lui à midi, demain.

FLAMAND.

Oui, Monſieur.

M. De SAINT-AURELE.

Ma fille, j'ai bien des choſes à te dire. ·

Mlle. De SAINT-AURELE.

Qu'eſt-ce que c'eſt donc, papa ?

M. De SAINT-AURELE.

Ah ! tu n'en feras pas fâchée.

Mlle. De SAINT-AURELE.

Mais encores ?

M. De SAINT-AURELE.

Va, va te coucher : tu ne te réveilleras pas toujours fille. (*Il touſſe.*) Tu dois m'entendre ; je t'expliquerai cela.

Mlle. De SAINT-AURELE.

Mais, papa, tant que je ſerai avec vous, je ne m'ennuirai point d'être fille.

M. De SAINT-AURELE.

Oh, oui, elles diſent toujours cela ; mais elles font bien aiſes quand on les marie. (*Il touſſe.*) N'eſt-ce pas, Flamand ?

FLAMAND.

FLAMAND.

Dame, Monſieur, écoutez donc, Mademoiſelle eſt du bois dont on fait les femmes.

M. De SAINT-AURELE.

Demain , demain, nous parlerons de tout
cela.

Mlle. De SAINT-AURELE.

Vous ne voulez me rien dire aujourd'hui ,
papa ?

M. De SAINT-AURELE.

Non, non : allons, bon ſoir.

Mlle. De SAINT-AURELE.

Que je vous voie aſſis , pour ſavoir ſi vous
ferez bien.

M. De SAINT-AURELE.

Flamand m'arrangera; va te coucher.

Mlle. De SAINT-AURELE.

Vous me promettez de ne pas lire ?

M. De SAINT-AURELE.

Si j'ai envie de dormir.

Mlle. De SAINT-AURELE.

Bon ſoir, papa, (*Elle l'embraſſe.*) Flamand,
ne laiſſez pas lire papa.

M. De SAINT-AURELE.

Adieu, adieu.

SCENE III.

M. De SAINT-AURELE, FLAMAND.

M. De SAINT-AURELE.

FLAMAND, je crois que ma fille ne sera pas fâchée d'être mariée ?

FLAMAND.

Elle aura raison, sur-tout si vous lui donnez un bon mari. Mais, Monsieur, sera-ce bientôt ?

M. De SAINT-AURELE.

Vous êtes curieux, Monsieur Flamand.

FLAMAND.

Oh, moi, cela ne me fait en rien du tout. Allons, Monsieur, voulez-vous vous coucher ; car j'ai encore bien des choses à faire ce soir ?

M. De SAINT-AURELE.

Eh bien, allons. (*Il se met sur la chaise longue.*) ai-je tout ce qu'il me faut ?

FLAMAND.

Assurément ; ne semble-t-il pas que je vous laisse jamais manquer de quelque chose ?

M. De SAINT-AURELE.

Si tu te fâches....

FLAMAND.

Je ne me fâche pas. Allons, êtes-vous bien?

M. De SAINT-AURELE.

Oui, qui.

FLAMAND.

Je m'en vais mettre le couvre-pied.

M. De SAINT-AURELE.

Il n'y aura pas de mal.

FLAMAND.

Vous avez-là votre table....

M. De SAINT-AURELE.

Oui; mais ici, où est l'autre?

FLAMAND.

Vous n'en avez que faire.

M. De SAINT-AURELE.

Et si, pour mettre la lumiere.

FLAMAND.

La lumiere?

M. De SAINT-AURELE.

Oui, mon livre, mes lunettes.

FLAMAND.

Vous n'avez que faire de lunettes ni de livre;
parce que vous n'aurez point de lumiere.

M. De SAINT-AURELE.

Je n'aurai pas de lumiere?

FLAMAND.

Non, non, Mademoifelle ne veut pas que vous lifiez.

M. De SAINT-AURELE.

Mais fi je le veux, moi?

FLAMAND.

Ce qu'il faut que vous vouliez, c'eft dormir.

M. De SAINT-AURELE.

Mais fi je ne peux pas?

FLAMAND.

Bon; quand on n'a rien de mieux à faire, il faut bien qu'on dorme.

M. De SAINT-AURELE.

Oui, vous autres, qui dormez quand vous voulez.

FLAMAND.

Vous verrez que nous avons tort. A quelle heure faut-il entrer demain?

M. De SAINT-AURELE.

De bonne-heure; quand tu feras levé.

FLAMAND.

C'eft bon.

M. De SAINT-AURELE.

Flamand?

F L A M A N D.

Monfieur.

M. De SAINT-AURELE.

Mets toujours là une table, pour ma tabatiere
& la fonnette.

F L A M A N D.

Ah ! mon Dieu, on ne finit jamais.

M. De SAINT-AURELE.

Veux-tu bien faire ce que je te dis ?

F L A M A N D.

Eh bien, eft-ce que je ne le fais pas ? (*Il
apporte la table.*)

M. De SAINT-AURELE.

La fonnette y eft-elle ?

F L A M A N D.

Oui , oui.

M. De SAINT-AURELE.

N'oublies pas ce que je t'ai dit pour demain.

F L A M A N D.

Oh, demain il fera jour : dormez, dormez.

SCENE IV.

M. De SAINT-AURELE, M. De VALBERT.

M. De VALBERT, *ouvrant la porte du cabinet.*

Ecoutons quand il sera endormi.

M. De SAINT-AURELE.

Qu'est-ce que tu dis, Flamand?

M. De VALBERT.

Oh rien, rien.

M. De SAINT-AURELE.

Ce drôle-là fait le maître. — (*a*) On est bien à plaindre de dépendre de ses gens. — Heureusement qu'il me semble que je dormirai bientôt.

M. De VALBERT.

Tant mieux, tant mieux.

M. De SAINT-AURELE.

Ce coquin de Flamand parle toujours tout seul. Veux-tu bien te taire.

M. De VALBERT.

Je ne dirai plus rien.

(*a*) — Cette marque indique des momens de silence.

M. De SAINT-AURELE.

Je fuis fâché de ne m'être pas couché dans mon lit. — Oui, mon oppreffion ne vient pas. — Je crois que je m'endors. — Oui. (*Il ronfle.*) ..

M. De VALBERT.

Ecoutons ; il commence à ronfler. (*Il entre en reculant pour fermer la porte du cabinet.*) Voyons ; tantôt je difois la porte eft à droite. (*Il marche, & touche une chaife qu'il renverfe.*)

M. De SAINT-AURELE, *fe réveillant.*

Qu'eft-ce qui eft là ? (*M. de Valbert tire fon mouchoir, & fait le chien qui fe gratte l'oreille.*) J'entends, je crois quelque chofe, ou je rêvois. Je fuis bien fâché de m'être réveillé. — (*M. de Valbert marche encore, & touche une autre chofe.*) Mais qu'eft-ce donc que cela ? (*M. de Valbert fecoue fon mouchoir.*) Je n'y comprends rien. (*M. de Valbert renverfe la table qui eft auprès de lui.*) Répondez donc ; qu'eft-ce qui eft là ? (*M. de Valbert fecoue fon mouchoir.*) Je ne trouve point ma fonnette ; elle eft tombée. (*M. de Valbert fecoue toujours fon mouchoir en cherchant la porte.*) Voulez-vous bien parler ? Qu'eft-ce qui eft là ?

M. De VALBERT.

Eh bien, Monfieur, c'eft votre chien Jupiter

qui fe gratte l'oreille. (*Il fecoue fon mouchoir.*)

M. De SAINT-AURELE.

Mon chien Jupiter ; il eft mort il y a long-tems.

M. De VALBERT.

Je veux dire Sultan. (*Il fecoue fon mouchoir.*)

M. De SAINT-AURELE.

Sultan n'a point de mal à l'oreille.

M. De VALBERT.

Ah ! cela eft vrai.

M. De SAINT-AURELE.

Qu'eft-ce que cela veut dire ? (*Il appelle.*) Flamand , Flamand.

SCENE V.

Mlle. De SAINT-AURELE, M. De SAINT-AURELE, M. De VALBERT.

Mlle. De SAINT-AURELE, *ouvrant la porte de fa chambre, une lumiere à la main.*

EH ! mon Dieu, papa, qu'avez-vous donc ; eft-ce que vous vous trouvez mal ?

M. De SAINT-AURELE.

Non, non ; mais c'eft qu'il y a quelqu'un ici

qui fait un bruit du diable, qui a tout ren-
verfé, & qui m'a réveillé.

Mlle. DE SAINT-AURELE, *regardant*
M. de Valbert, qui fe cache derriere elle.

Comment donc ? cela n'eft pas poffible.

M. De SAINT-AURELE.

Je te dis que fi; puifqu'il m'a parlé.

Mlle. De SAINT-AURELE, *regardant*
M. de Valbert qui eft embarraffé.

Il vous a parlé ?

M. De SAINT-AURELE.

Oui, il m'a dit qu'il étoit mon chien Jupiter, & puis Sultan.

Mlle. De SAINT-AURELE, *regardant*
M. de Valbert.

Bon; c'eft un rêve que vous avez fait.

M. De SAINT-AURELE.

Je te dis que non ; & ce qu'il y a de fin-
gulier, c'eft que j'ai trouvé que c'étoit la voix
de Monfieur de Valbert.

Mlle. De SAINT-AURELE.

De Monfieur de Valbert ?

M. De SAINT-AURELE.

Oui, de Monfieur de Valbert. Si c'eft lui,

il a tort de venir fi matin ; & fa mere auroit
bien dû l'en empêcher.

Mlle. De SAINT-AURELE.

Comment fa mere ; vous croyez que c'eſt
elle ?....

M. De SAINT-AURELE.

Elle doit le favoir toujours. Apparemment
qu'elle lui aura dit ce que nous avions conclu
enſemble.

Mlle. De SAINT-AURELE.

Je ne vous comprends pas bien, papa.

M. De SAINT-AURELE.

Je voulois te dire tout cela demain. J'ai ſu
que tu aimois Monſieur de Valbert : j'ai été
trouver fa mere pour favoir fi elle en favoit
quelque choſe ; elle m'a tout avoué, & qu'il
dépendoit de moi de faire le bonheur de ſon fils.

Mlle. De SAINT-AURELE.

Eſt-il poſſible : & qu'avez-vous répondu ?

M. De SAINT-AURELE.

Que fi le parti te convenoit, ce feroit une
affaire bientôt faite ; & je voulois raiſonner de
tout cela avec toi.

Mlle. De SAINT-AURELE.

Ah ! cher papa, que je vous aurai d'obligation !

M. De SAINT-AURELE.

Apparemment que cet étourdi de Valbert, eft venu dès le matin pour me remercier.

Mlle. De SAINT-AURELE.

C'eft cela même.

M. De SAINT-AURELE.

Il pouvoit bien attendre un peu plus tard. Mais où eft-il donc ?

Mlle. De SAINT-AURELE.

Tenez, le voilà.

M. De SAINT-AURELE.

Ah ! Monfieur le drôle, vous m'avez fait grand tort de me réveiller ; mais je vous le pardonne.

M. De VALBERT.

Monfieur, je ne faurois vous exprimer ma joie : ah ! Mademoifelle.

Mlle. De SAINT-AURELE.

Mon pere !....

M. De SAINT-AURELE.

Oui, oui, vous direz tout cela demain. J'ai envie de m'aller coucher dans mon lit. Appellez-moi Flamand ; car je ne fai où eft ma fonnette.

Mlle. De SAINT-AURELE.

Vous n'aurez pas befoin de lui, papa.

M. De VALBERT.

Oui, oui, nous allons vous aider à vous coucher. Donnez-moi la main. (*M. de Saint-Aurele se leve.*)

M. De SAINT-AURELE.

Passons dans ma chambre ; mais allez-vous-en tout de suite après, car je veux dormir. (*Ils s'en vont.*)

Fin du soixante-unieme Proverbe.

L'AMBASSADEUR.

SOIXANTE-DEUXIEME PROVERBE.

PERSONNAGES.

LE MARQUIS D'ARVILLE, *Ambaſſadeur,* *en habit de voyage galonné, croix de S. Louis, enſuite en robe-de-chambre aſſez belle.*

LA MARQUISE D'ARVILLE, ſa Femme, *bien miſe.*

LE CHEVALIER DE ROSEMONT, *en habit vert galonné d'or, uniforme de Choiſi.*

JULIE, *Femme-de-chambre de la Marquiſe d'Arville, en Femme-de-chambre.*

La Scène eſt chez la Marquiſe d'Arville, dans ſon ſallon.

L'AMBASSADEUR.
PROVERBE.

SCENE PREMIERE.

La MARQUISE, Le CHEVALIER.

La MARQUISE.

Entrez donc ici, Chevalier.

Le CHEVALIER.

Me voilà, me voilà.

La MARQUISE.

Mais dites-moi donc, qu'est-ce que c'est que toutes ces folies que vous faites devant une Femme‑de‑chambre que je n'ai que d'hier, & que je ne suis pas encore déterminée à garder?

Le CHEVALIER.

Bon ! ne sont-elles pas accoutumées à cela.

La MARQUISE.

Celle-ci me déplaît.

Le CHEVALIER.

Hé bien, renvoyez-là.

La MARQUISE.

Oui, & elle ira dire que vous êtes avec moi d'une familiarité.... Voyez à quoi vous m'expofez, à garder une créature qui eft d'une mauffaderie infoutenable.

Le CHEVALIER.

Mais eft-ce qu'on ne renvoie jamais de Femmes-de-chambre?

La MARQUISE.

Je crois que c'eft toujours très-mal fait. Je n'ai laiffé marier Julie, que parce qu'elle vouloit me quitter : je lui ai même perfuadé que le Brun en étoit amoureux, & il n'y penfoit feulement pas.

Le CHEVALIER, *riant*.

C'eft délicieux !

La MARQUISE.

C'eft pourtant vous qui en êtes la caufe.

Le CHEVALIER.

Vous ne m'en avez jamais parlé. Ce pauvre le Brun a donc été facrifié ?

La MARQUISE.

Comment facrifié ?

Le

Le CHEVALIER.
Oui, Julie n'eſt rien moins que belle.

La MARQUISE.
Elle l'eſt aſſez pour lui. Mais pourquoi allez-vous à Choiſi aujourd'hui?

Le CHEVALIER.
Parce que le Comte m'a mandé que j'étois ſur la liſte.

La MARQUISE.
Eſt-ce que vous l'en aviez chargé?

Le CHEVALIER.
Mais, oui.

La MARQUISE.
A propos de quoi, lui ſur-tout qui ne ſe ſouvient jamais de rien? Il eſt bien étonnant qu'avec ſes diſtractions il y ait ſongé!

Le CHEVALIER.
Mais c'eſt qu'il eſt fort mon ami.

La MARQUISE.
Votre ami? Ne lui faites pas de confidence toujours.

Le CHEVALIER.
Bon, vous croyez que par diſtraction....

La MARQUISE.
A propos, que je vous diſe donc.

Tome V.   D

Le CHEVALIER.

Quoi?

La MARQUISE.

Mon mari, qui eſt las de ſon ambaſſade, & qui veut demander à revenir ; j'ai peur même qu'il ne veuille être ici pour la promotion ; il s'eſt aviſé de vouloir avoir le cordon bleu.

Le CHEVALIER.

Il faut lui mander qu'on n'en fera pas cette année. A-t-il trente-cinq ans?

La MARQUISE.

Oui, vraiment ; & quand il s'eſt mis une fois une choſe dans la tête, il n'eſt pas aiſé de l'en faire revenir : il m'a écrit mille choſes tendres il y a quinze jours.

Le CHEVALIER.

Il eſt peut-être amoureux de vous, ce cher Marquis.

La MARQUISE.

Je le croirois aſſez.

Le CHEVALIER.

C'eſt inconcevable que je ne l'aie jamais vu!

La MARQUISE.

Cela n'eſt pas poſſible?

Le CHEVALIER.

Non, d'honneur. (*Il tire ſa montre.*)

La MARQUISE.

Eſt-ce que vous vous en allez ?

Le CHEVALIER.

Oui, il eſt tard ; je n'ai pas trop de tems. (*Il veut ſortir par une autre porte que par celle où il eſt entré.*)

La MARQUISE.

Eh bien, par où allez-vous donc ?

Le CHEVALIER.

Par le jardin ; ma chaiſe m'attend ſur le rempart.

La MARQUISE.

Il eſt bien néceſſaire d'avoir cet air de myſtere à l'heure qu'il eſt. Que diront mes gens qui ne vous auront pas vu ſortir ?

Le CHEVALIER.

Cela eſt vrai.

La MARQUISE.

Quel étourdi ! Quand reviendrez-vous ?

Le CHEVALIER.

Mercredi ; ne vous l'ai-je pas dit ?

La MARQUISE.

Non, vraiment. Vous m'écrirez ?

Le CHEVALIER.

Sûrement. (*Il lui baiſe la main.*) Adieu, belle Marquiſe.

La MARQUISE.

Vous ferez bien aife de trouver la Vicom-
teffe à Choify.

Le CHEVALIER.

Allons, vous êtes folle. Où fouperez-vous
ce foir?

La MARQUISE.

Mais ici, tout feule.

SCENE II.

La MARQUISE, JULIE.

JULIE.

Madame, voilà Monfieur le Marquis qui va
arriver.

La MARQUISE.

Quoi, mon mari?

JULIE.

Oui, Madame; fon valet-de-chambre eft ici
depuis une heure.

La MARQUISE.

Il falloit donc m'avertir : à quoi m'expofiez-
vous !

JULIE.

Mais, Madame, je ne viens de le favoir que

tout-à-l'heure ; Monfieur le Marquis veut vous furprendre : ne dites pas que je vous l'ai dit.

La MARQUISE.

Voilà une belle imagination !

JULIE.

Je favois bien que cela ne feroit pas plaifir à Madame ; mais j'ai cru bien faire de l'avertir.

La MARQUISE, *à elle-même.*

C'eft fon projet qui le fait venir apparem-ment.

JULIE.

Je crois que je l'entends.

La MARQUISE.

C'eft lui-même.

SCENE III.

Le MARQUIS, La MARQUISE, JULIE.

Le MARQUIS, *embraffant la Marquife.*

Vous ne m'attendiez pas fitôt, Madame.

La MARQUISE.

Non , vraiment.

D iij

Le MARQUIS.

Vous êtes plus belle que jamais, & vous vous portez à merveille.

La MARQUISE.

Ce soir; j'ai été malade toute la journée. Vous êtes engraissé.

Le MARQUIS.

Trouvez-vous? Je suis pourtant venu de Strasbourg, sans coucher en chemin.

La MARQUISE.

Vous avez dormi dans votre voiture?

Le MARQUIS.

Ah! oui : je suis bien fatigué. Avez-vous quelqu'un à souper ce soir?

La MARQUISE.

Non; je comptois aller chez ma mere.

Le MARQUIS.

Je vais envoyer savoir de ses nouvelles, & lui faire dire que vous n'irez pas.

JULIE.

Monsieur le Marquis, voulez-vous que j'y envoie?

Le MARQUIS.

Non, non. Bon jour Julie. Madame, voulez vous bien que je me mette en robe-de-chambre?

La MARQUISE.

Mais sûrement. J'aime bien cette question.

Le MARQUIS.

Je m'en vais envoyer des lettres que j'ai à faire remettre, & je reviens dans l'instant. (*Il sort.*)

SCENE IV.

La MARQUISE, JULIE.

La MARQUISE.

EH bien, Mademoiselle, vous attendiez-vous à ce retour-là ?

JULIE.

Non, sûrement, Madame.

La MARQUISE.

C'est son frere l'Abbé qui aura négocié tout cela : il a une ambition insoutenable ! Toute cette famille m'est odieuse.

JULIE.

Madame est bien heureuse que Monsieur le Marquis ne l'emmène pas avec lui dans son ambassade.

D iv

La MARQUISE.

Ah! mon Dieu, que dites-vous là! il ne me manqueroit plus que cela. Mais vraiment il faut que j'avertisse le Chevalier de ce retour. Dites à votre mari qu'il faut qu'il aille à Choisy.

JULIE.

Ce soir?

La MARQUISE.

Sûrement. Je m'en vais écrire; je crains que le Chevalier ne fasse quelque étourderie.

JULIE.

Madame a bien raison.

La MARQUISE.

Avertissez le Brun, de se tenir prêt.

JULIE.

Il le fera dans le moment. Voici Monsieur le Marquis.

La MARQUISE.

Allez vîte, & revenez; je vous donnerai ma lettre.

JULIE.

Oui, Madame.

SCENE V.

Le MARQUIS, La MARQUISE.

Le MARQUIS, *en robe-de-chambre, des lettres à la main.*

JE viens de dire qu'on ne laiſſe entrer perſonne.

La MARQUISE.

Pendant que vous allez lire vos lettres....

Le MARQUIS.

Où allez-vous ?

La MARQUISE.

Je vais revenir.

Le MARQUIS.

Mes lettres ne ſont pas preſſées.

La MARQUISE.

Je ne ſerai pas long-tems.

Le MARQUIS.

Je ne veux les lire que demain , hors une de l'Abbé ; rien ne m'intéreſſe dans tout cela.

La MARQUISE.

Liſez, liſez. (*Elle entre dans un cabinet.*)

SCENE VI.

Le MARQUIS, Le CHEVALIER.

Le MARQUIS, *lifant, affis.*

Bon, le Roi eft à Choify ; je ne le verrai donc que mercredi. Si j'avois fû cela....

Le CHEVALIER, *entrant par la porte par où il vouloit fortir.*

Vous aviez raifon, Marquife, le Comte s'eft trompé ; je viens de le rencontrer. Ah !...

Le MARQUIS, *fe levant.*

Monfieur , vous croyez parler à une autre perfonne.

Le CHEVALIER.

Monfieur , je vous avouerai que je fuis fort furpris de vous trouver ici, & en robe-de-chambre encore.

Le MARQUIS.

Je le fuis davantage moi, du ton fur lequel il me paroît que vous y êtes.

Le CHEVALIER.

Je vois que je fuis facrifié, & que pendant mon abfence on ne perd pas un inftant. On a bien raifon de dire qu'il faut s'attendre à tout avec les femmes. Notre fort eft à peu-près égal ; & à vous dire le vrai, je ne me le perfuadois pas.

Le MARQUIS.

Monfieur, vous m'apprenez des chofes qui ne me font point agréables.

Le CHEVALIER.

Et croyez - vous, Monfieur, qu'il me foit plus agréable de vous trouver ici, & en robe-de-chambre ?

Le MARQUIS.

Je crois en avoir le droit.

Le CHEVALIER.

C'eft ce qu'il faudra voir. Peut-on être plus cruellement trompé !

Le MARQUIS.

Monfieur, ces plaintes là me déplaifent très-fort, je vous en avertis.

Le CHEVALIER.

Eh bien, Monfieur, allez vous-en, vous ne les entendrez pas.

Le MARQUIS.

Vous ne me connoiffez pas apparemment ?

Le CHEVALIER.

Non , Monſieur , & je ſuis très-fâché
de voir que ce ſoit à vous qu'on me ſacrifie;
ınais vous n'en jouirez pas long-tems, je vous
le promets.

Le MARQUIS.

Monſieur, ce ton-là ne me convient point
du tout.

Le CHEVALIER.

J'en ſuis fâché. Sortez, vous dis-je.

Le MARQUIS.

Il eſt ſingulier que vous croyiez devoir me
chaſſer d'ici.

Le CHEVALIER.

Vous le prendrez comme il vous plaira ; ſi
vous étiez de mes amis, je prendrois peut être
un autre ton ; mais avec un inconnu....

Le MARQUIS.

Un inconnu ?

Le CHEVALIER.

Sûrement ; je ne vous ai jamais vu nulle parr,
& vous ne devriez pas vous faire preſſer davantage de ſortir.

Le MARQUIS.

C'eſt à moi de vous en prier : apprenez que
je ſuis le maître ici.

Le CHEVALIER.

Vous ?

Le MARQUIS.

Oui, Monſieur.

Le CHEVALIER.

Pas tant que j'y ſerai.

Le MARQUIS.

Monſieur, je vous dis que je ſuis le maître, encore une fois.

Le CHEVALIER.

Habillez-vous, & nous verrons.

SCENE VII.

Le MARQUIS, La MARQUISE, Le CHEVALIER, JULIE.

La MARQUISE.

Qu'est-ce que vous avez donc, Monſieur ? Ah, ciel ! (*Elle tombe dans un fauteuil.*)

Le MARQUIS.

Vous voyez, Madame, qu'après m'avoir outragé, on veut encore me faire ſortir de chez moi.

Le CHEVALIER, *confondu.*

De chez vous ?

Le MARQUIS.

Oui, Monsieur, vous n'avez pas voulu l'entendre.

JULIE.

C'est Monsieur le Marquis.

Le CHEVALIER.

Monsieur, je vous croyois à votre ambassade. Madame, je vous demande bien pardon : je suis désespéré ! (*Il sort.*)

Le MARQUIS.

Madame, je ne ferai point de bruit ; mais que ce soit une chose dite, ne le revoyez plus.

La MARQUISE.

Vous allez peut-être croire, Monsieur....

Le MARQUIS.

Je ne veux point d'explication, & je ne vous en parlerai jamais. (*Il sort.*)

La MARQUISE.

Qu'elle imprudence ! le Chevalier m'a perdue. (*Elle s'en va.*)

Fin du soixante-deuxieme Proverbe.

LE PRINCE
WOURTSBERG.

SOIXANTE-TROISIEME PROVERBE.

PERSONNAGES.

LE PRINCE WOURTSBERG , Souverain. *Habit vert brodé en Brandebourgs en or , cordon jaune bordé de rouge , plaque d'argent sur l'habit , chapeau & épée , coëffé en aîle de pigeon , grand toupet.*

LA PRINCESSE GUDULE , } *robes riches ,*

LA PRINCESSE ULRIQUE , } *beaucoup de choses dans leurs coëffures en argent , en diamans & fleurs , contenances gênées , avec des éventails.*

LE GRAND CHAMBELLAN , *Habit brun & veste jaune brodés en argent , grande perruque brune , gants , canne , chapeau , & l'ordre du Prince.*

LE BARON SCHLOFF , *habit à paremens magnifiques , coëffure comme le Prince , chapeau , épée , & l'ordre du Prince.*

M. BRILLANTSON , *Chanteur François , habit & veste gris-de-fer , galonné d'un petit galon d'argent , chapeau & épée.*

FRÉDERIC , *Valet-de-chambre du Prince. Habit vert galonné en or avec des revers , boutons plats , petite perruque ronde.*

LES MUSICIENS du Prince, *en uniforme vert , paremens jaunes , petit galon d'argent.*

La Scène est dans le palais du Prince , dans un sallon.

LE

LE PRINCE
WOURTSBERG.
PROVERBE.

SCENE PREMIERE.

M. BRILLANTSON, FRÉDERIC.

FRÉDERIC.

Entre-vous ici, Monsieur le François ?

M. BRILLANTSON.

Est-ce ici que demeure Monsieur le Baron Schloff ?

FRÉDERIC.

Oui, il va venir tout présentement à cette chambre.

M. BRILLANTSON.

Je demande si c'est ici son logement.

Tome *V.*   E

FRÉDERIC.

Logement ?

M. BRILLANTSON.

Oui, si c'est où il se couche, où il s'habille ?

FRÉDERIC.

Ah, vous voulez dire son quartier.

M. BRILLANTSON.

Son quartier ?

FRÉDERIC.

Oui, ce n'est pas à le droite du Château, il faut marcher encore plus.

M. BRILLANTSON.

Eh-bien, je vais aller chez lui.

FRÉDERIC.

Non, il faut attendre ici, il viendra parler à vous. Tenez, je entends je crois.

M. BRILLANTSON.

Je vais......

FRÉDERIC.

Non, reste vous-là, il m'a dit : je vais regarder. *Il regarde à la porte.* C'est point encore.

M. BRILLANTSON.

Comment appellez-vous cet endroit-ci ?

FRÉDERIC.

Endroit-ci ?

M. BRILLANTSON.

Oui, cette chambre?

FRÉDERIC.

C'eſt le quartier du Prince, il dort encore plus là-bas, dans les autres.

M. BRILLANTSON.

J'entends.

FRÉDERIC.

Tenez, je crois que voilà, Monſieur Baron. Oui, c'eſt lui véritablement. Je ſuis plus bon préſentement, j'ai marche ſur la princeſſe.

SCÉNE II.

Le BARON, BRILLANTSON.

Le BARON.

EH bonjour, Monſieur Brillantſon, je ſuis fort content de vous voir dans cette pays.

M. BRILLANTSON.

Je craignois bien que vous ne fuſſiez pas de retour de vos voyages.

Le BARON.

Pardonne-moi, je ſuis retourné il y a plus que cinq mois. Paris il eſt toujours joli? je ſuis été fort charmé de ma derniere voyage ; c'eſt un Ville qu'il eſt fort agréable , fort charmant ! Pourquoi-donc vous , il quitte la France ?

M. BRILLANTSON.

C'eſt que je ſuis bien-aiſe de voir un peu l'Allemagne , on m'a dit qu'il falloit tout connoître.

Le BARON.

Cette Pays il eſt bon. Et Mademoiſelle Perſil , comment il eſt à préſent ?

M. BRILLANTSON.

Elle danſe toujours à l'Opéra.

Le BARON.

Oui, mais je dis ſon ſanté ?

M. BRILLANTSON.

Eſt-ce que vous l'avez connue ?

Le BARON.

Oh, tiaplement !

M. BRILLANTSON.

Je ne ſçavois pas.

Le BARON.

Il m'a coûté encore plus avec cela de l'argent beaucoup ; mais j'ai aime encore grandement. Son mere il boit fortement ; mais il aime encore beaucoup l'argent bien plus fort.

M. BRILLANTSON.

C'eſt une vilaine femme ; mais Mademoiſelle Perſil, eſt une fille charmante !

Le BARON.

Oh, je ſçai fort bien ; c'eſt là ou j'ai fait avec vous mon connoiſſance, vous avez oublié ?

M. BRILLANTSON.

Ah, c'eſt vrai. Eh bien ; c'eſt elle qui eſt cauſe que j'ai été obligé de ſortir de France.

Le BARON.

Tiaple ! je ſçavois pas.

M. BRILLANTSON.

Il y a huit jours ; c'eſt un malheur qui m'eſt arrivé, à quoi je ne m'attendois pas ; c'eſt Monſieur le Comte de Rondeville, qui eſt ſon amant à préſent, il étoit allé à Verſailles pour trois jours, elle m'a dit de venir ſouper avec elle, il nous a ſurpris ; il eſt entré l'épée à la main ; en voulant l'éviter, je l'ai pouſſé contre une porte qui l'a bleſſé ; il eſt tombé ſans connoiſſance, on m'a dit qu'il étoit fort malade, & on m'a conſeillé de me ſauver ; j'ai penſé que vous pourriez me rendre ſervice, ſoit ici où ailleurs, & je ſuis venu vous trouver, Monſieur le Baron.

Le BARON.

Voulez-vous reſter avec le Prince ? il donnera à vous de l'argent, pour chanter à son Concert.

M. BRILLANTSON.

Je ne demande pas mieux.

Le BARON.

Il a un pon musique.

M. BRILLANTSON.

Je le sçais : si par votre moyen, je pouvois lui être présenté.....

Le BARON.

Je serai fort content ; mais il faut parler avec Monsieur la Chambellan, & je dirai ; il vient ici, à ce moment. Je vais montrer vous à lui, & je dirai comme vous il chante fort pon.

M. BRILLANTSON.

Je vous en serai très-obligé.

Le BARON.

Il faut que je dise encore, avant que le Chambellan il vient.

M. BRILLANTSON.

Qu'est-ce que c'est ?

Le BARON.

C'est que quand il parle, il faut toujours vous dire à lui, votre Excellence.

M. BRILLANTSON.

Je le dirai.

Le BARON.

Et au Prince, votre Alteſſe....

M. BRILLANTSON.

Cela n'eſt pas bien difficile, parlent-ils François ?

Le BARON.

Il parle pas beaucoup la Chambellan ; mais
il entend le langue.

M. BRILLANTSON.

Et le Prince ?

Le BARON.

Il parle fort pon, comme moi je parle.

M. BRILLANTSON.

Et vous parlez bien.

Le BARON.

Plus que quand je ſuis été à Paris. Voilà
Monſieur la Chambellan. Laiſſe-moi dire à lui,
& éloigne-vous ; la reſpect ici il eſt fort en
recommandation.

SCENE III.

Le CHAMBELLAN, Le BARON, M. BRILLANTSON, *se tenant loin.*

Le BARON.

Entrez, Monsieur le Chambellan. Je n'ai pas encore eu l'honneur de vous voir aujourd'hui : comment vous êtes-vous trouvé du vin d'hier ?

(*a*) HEREIN, Herr Chambellan. Ich hab die ehre nicht gehabt sie heute zu sehen, wie haben sie sich nacd dem geftrigen wein befunden ?

Le CHAMBELLAN.

Fort mal, Baron ; le vin m'a fait mal à la tête & au ventre ; je n'ai pas dormi de toute la nuit.

Gar nicht gut, Baron ; der wein hat mir kopff und bauch wehe gemacht ; ich habe die gantze nacht nicht gefchlaffen.

Le BARON.

Que ne buviez-vous auffi du vin de Champagne ? Il étoit en vérité excellent, & il paffe tout de fuite.

Sie haben auch keinen Champagnier wein trinçken wollen ? Er war warhaftig recht gut, und ift gleich paffirt.

(*a*) Tout ce qui eft en Allemand peut fe dire, en contrefaifant cette langue, fans rien exprimer.

Le CHAMBELLAN.

Oui ; mais je le crains à caufe de la goutte. Quel eft cet homme-là , n'eft - ce pas un François ?

Ja ; aber ich furcht ihn wegen dem podagra. Wer ift diefer menfch , ift er nicht ein Franzofe ?

Le BARON.

Oui , & c'eft un fort galant homme.

Ja ; es ift ein fehr galanter menfch.

Le CHAMBELLAN.

Eft-il Gentilhomme ?

Ift es ein Edel-mann ?

Le BARON, *préfentant M. Brillantfon.*

Non , Monfieur le Chambellan ; c'eft un Virtuofe , c'eft un Muficien que j'ai connu à Paris , dans mon dernier voyage en France.

Nein , mein Herr Chambellan ; es ift ein Virtuofe , ein grofer Muficant , den ich in meiner letzen reize nach Franckreich hab kennen lernen.

Le CHAMBELLAN.

Ah ! fort bien , fort bien.

Ah ! gut , gut.

Le BARON.

Je voulois vous demander fi vous voudriez avoir la bonté de le préfenter au Prince.

Ich hab fie fragen wollen ob fie ihn an ihro hoheit dem Herrn Prince prefentiren wolten.

Le CHAMBELLAN.

Si vous le connoiffez , je le veux de tout

Wenn fie ihn kennen , fo will ich es von hertzen

mon cœur. Quel est son talent ? Joue - t - il du violon, du clavecin, de la flûte, ou du baſſon ?

gerne. Was iſt ſein talent ? Spielt er die violin, die floete, das clavier oder den tagott ?

Le BARON.

Non ; mais il a une très-belle voix , & il chante fort bien.

Nein ; er hat eine ſchone ſtimme , und ſingt ſehr gut.

Le CHAMBELLAN.

Ah ! c'eſt fort bien , j'en ſuis ravi ; je le préſenterai au Prince : a-t-il une voix de deſ-ſus ; eſt-il comme les Italiens ?

Ah! das iſt ſehr gut, das freuet mich ungemein ; ich werde ihm dem Printzen preſentiren : hat er eine diſcant ſtimme ; wie die Italianer ?

Le BARON.

Point du tout.

Nein, nein, es fehlt ihm nichts. (*à M. Brillantſon.*)

Il demande ſi vous êtes Italien ; vous m'entendre pon ?

M. BRILLANTSON, *riant.*

Il me fait bien de l'honneur.

Le BARON.

Il ne ſave pas qu'il n'y a point en France.

M. BRILLANTSON.

Aſſurez-le bien que nous ne ſuivons pas cet uſage-là.

Le CHAMBELLAN.

Eh bien, je n'entends pas.

Nun, nun, ich verfteh mich nicht darauf.

Le BARON.

Ce n'eft pas l'ufage en France ; & vous voyez bien qu'il a de la barbe.

Es ift die mode nicht in Frankreich ; und fie fehen, ja wohl dafs er einen bart hat.

Le CHAMBELLAN.

Barbe y a ; je vous fais ma compliment.

M. BRILLANTSON.

Je vous remercie bien mon Excellence. (*au Baron.*) Qu'eft-ce qu'il a dit ?

Le BARON.

Il vous fait compliment fur ce que vous avez de la barbe.

Le CHAMBELLAN.

Comment vous appellez-vous ?

Wie heifet ihr ?

Le BARON.

Il demande votre nom.

M. BRILLANTSON.

Brillantfon , mon Excellence.

Le CHAMBELLAN.

Brillantfon ?

M. BRILLANTSON.

Oui, mon Excellence.

Le CHAMBELLAN.

Monſieur le Baron, a-t-il été a quelques Spectacles en France?   Mein Herr Baron, iſt er in einigen Spectackeln in Franckreich geweſen?

Le BARON.

Non, point du tout.   Nein, gantz und gar nicht. (*à M. Brillantſon.*) Il demande ſi vous chantiez à quelque Spectacle à Paris.

Le CHAMBELLAN.

Hé bien, Baron; wie?

M. BRILLANTSON.

Dites-lui que j'allois être reçu à la Comédie Italienne, quand je ſuis parti de Paris.

Le BARON.

J'entends le Prince.

M. BRILLANTSON.

Où faut-il que je me place?

Le BARON.

Là-bas.

M. BRILLANTSON.

Ici?

Le BARON.

Oui, fort bien.

Le CHAMBELLAN.

Où va donc notre chanteur ?	Wo geht dann der singer hin ?

Le BARON.

C'est le Prince qui arrive.	Der Prince kommt eben herein.

Le CHAMBELLAN.

Ah ! fort bien, fort bien.	Ah ! gut, gut.

SCENE IV.

Le PRINCE, Le CHAMBELLAN, Le BARON, M. BRILLANTSON.

Le PRINCE.

Ah ! bon jour, Baron Schloff. Chambellan, vous n'avez pas voulu venir à la promenade ?	Ah ! bon jour, Baron Schloff. Chambellan, ihr habt nicht auf die promenade kommen wollen ?

Le CHAMBELLAN.

Je demande pardon à votre Altesse ; mais je suis encore malade du souper d'hier : j'espere que cela ira mieux demain.	Ihre Hoheiht werzeihen mir ; ich bin noch kranck von dem geftrigen nacht effen : aber ich hoffe es wird morgen beffer gehen.

Le PRINCE.

Vous n'êtes plus bon à rien, Chambellan, si vous ne supportez pas mieux le vin que cela. Vous ne chassez plus: je ne vous conseille pas de vous marier non plus.

Ihr taugt nichts mehr, Chambellan, wann ihr nicht mehr trincken konnt. So jagt ihr auch nicht mehr: und ich rathe euch das ihr auch nicht mehr heurathet.

Le CHAMBELLAN.

Il plaît à votre Altesse de badiner.

Ihre Hoheit belieben zu fexiren.

Le PRINCE.

Baron Schloff.

Le BARON.

Votre Altesse.

Le PRINCE.

Je dis que la Chambellan, il n'est plus bon pour la plaisir, qu'il faut pas qu'il cherche non plus la mariage; il feroit aussi malade pour cela. (*Il rit.*)

Le BARON.

Je crois au contraire, votre Altesse, que Monsieur le Chambellan, il trouveroit mieux de son santé.

Le PRINCE.

Le Baron a fort bonne opinion de vous, Chambellan.

Der Baron denckt sehr gut von euch, Chambellan.

Le CHAMBELLAN.

Mon Prince, je crois qu'il dit vrai.

Ihre Hoheit, ich glaub er fagt wahr.

Le PRINCE.

Je ne le crois pas. Qui eft cet homme-là? Eft-ce un François?

Ich glanb es nicht. Wer ift diefer menfch? lft er ein Franzofe?

Le BARON.

Oui, votre Alteffe. Parlez donc, Monfieur le Chambellan.

Oui, votre Alteffe. Reden fie doch, Herr Chambellan.

Le CHAMBELLAN.

Tout-à-l'heure. C'eft un Muficien François que le Baron a connu en France, & qui defireroit avoir l'honneur d'entrer au fervice de votre Alteffe.

Gleich im augemblik. Es ift ein Franzoficher Muficant den der Baron in Franckreich gekennt hat, und welcher die ehre haben mochte bey ihro Hoheit in dienften zu fein.

Le PRINCE.

Ah! fort bien, je prendrai avec grand plaifir. Baron Schloff.

Le BARON.

Votre Alteffe?

Le PRINCE.

Faites venir plus proche cette Franzoufe.

Le BARON, *à M. Brillantson.*

Allons, approchez-vous du Prince.

Le PRINCE.

Il a un pon fifache.

M. BRILLANTSON.

Je me porte fort bien, mon Alteffe.

Le PRINCE, *riant.*

Ah! ah! ah! je dis pas cela. Baron Schloff,

comment dit - on phi-	wie heifet phifionnomie
fionomic en François?	auf Frantzofich?

Le BARON.

Phifionomie, votre Alteffe.

Le PRINCE.

Ja, ja; phifionomie pou, je veux dire.

M. BRILLANTSON.

Vous avez bien de la bonté, mon Alteffe.

Le PRINCE.

Chambellan, j'ai douze chevaux Danois, qui arrivent avec dix Anglois.	Chambellan, ich hab zwolff Danifche pferde die an kommen mit noch zehn Englifchen.

Le CHAMBELLAN.

Pour la chaffe?	Vor die jagt?

Le PRINCE.

Oui, oui.	Ja, ja.

Le

Le CHAMBELLAN.

Bon, bon.   Gut, gut.

Le PRINCE.

Baron Schloff.

Le BARON.

Votre Alteffe ?

Le PRINCE.

Quel eft le talent de ce François pour le mufique ?

Le BARON.

Il chante fort pon.

Le PRINCE.

Eft-ce un voix grofs ?

Le BARON.

Non. (*à M. Brillantfon.*) Dites au Prince comme il eft votre voix.

M. BRILLANTSON.

C'eft une haute-contre, mon Alteffe.

Le PRINCE.

Haute-contre ? je fave pas.

Le BARON, *à M. Brillantfon.*

C'eft comme à l'Opéra, l'Amoureux il eft ordinairement ?

M. BRILLANTSON.

Oui, Monfieur le Baron.

Tome V.   F

Le PRINCE.

Ah! je dis préfentement. Il y a un Chanteur que je voyois à Paris, dans ma voyage.

M. BRILLANTSON.

Le Gros?

Le PRINCE.

Le Gros, quoi?

M. BRILLANTSON.

C'eft le Gros qu'il s'appelle.

Le PRINCE.

Qu'il s'appelle?

Le BARON.

Oui, c'eft le nom du Chanteur, le Gros.

Le PRINCE.

Ah! je comprenois pas, le Gros. (*Il rit avec le Baron exceffivement.*)

M. BRILLANTSON.

C'eft fon nom, mon Alteffe.

Le PRINCE.

Non, non, je favois encore autrement la nom.

M. BRILLANTSON.

Ah! c'eft Geliote.

Le PRINCE.

Juliote, ja. C'eſt un Chanteur, qu'il n'y a
point en Italie.

M. BRILLANTSON.

Non, mon Alteſſe.

Le PRINCE, *au Baron.*

Je voudrois entendre cette Chanteur, ſi il
peut dire à ce moment.

Le BARON.

Monſieur Brillantſon, le Prince, il voudroit
entendre vous chanter, à ce moment.

M. BRILLANTSON.

Il n'a qu'à ordonner.

Le PRINCE.

C'eſt pon. Il faut dire au Princeſſe Gudule,
& au Princeſſe Ulrique.

Le BARON.

Je vais aller.

Le PRINCE.

Non, non; envoye-vous Fréderic, & dites
auſſi à mon muſique pour l'accompagnement
de venir avec.

Le BARON.

Fréderic, entende-vous ?

F ij

FRÉDERIC.

Fort pon. Je vais dire au musique, il est
là : tout de suite il va entrer.

SCENE V.

Le PRINCE, Le CHAMBELLAN, Le BARON, M. BRILLANTSON.

Le PRINCE.

Baron Schloff?

Le BARON.

Votre Altesse.

Le PRINCE.

Vous avez connu cette garçon à Paris?

Le BARON.

Oui, votre Altesse.

Le PRINCE.

C'est fort pon. Herr Chambellan?

Le CHAMBELLAN.

Qu'ordonne votre Altesse?   Was befehlen ihro Hoheit?

Le PRINCE.

Aimez-vous la musique?   Liebet ihr die musique?

Le CHAMBELLAN.

C'eſt ſelon ce qu'elle eſt ; il faut ſavoir le genre.

Nach dem ſie iſt, es iſt zu wiſſen welche.

Le BARON.

Monſieur le Chambellan , il ſe plaira fort avec ce Muſicien.

Le PRINCE.

Je crois auſſi. Ah ! voilà le Princeſſe , je crois. Non , c'eſt le mouſique. Baron Schloff , dites au Frantzouſe qu'il parle avec mon muſique.

SCENE VI.

Le PRINCE, Le CHAMBELLAN, Le BARON, M. BRILLANTSON, Les MUSICIENS.

Le BARON.

Placez les Muſiciens du Prince , & dites à eux ce que voulez chanter.

M. BRILLANTSON.

Je vais leur dire. (*Il leur parle tout bas , & ils ſe placent.*)

SCENE VII.

Le PRINCE, La Princeſſe GUDULE,
La Princeſſe ULRIQUE, Le BARON,
Le CHAMBELLAN, FRÉDERIC,
Les MUSICIENS.

Le PRINCE.

Princesse Gudule, marche-là, & vous Princeſſe Ulrique, porte vous ici. (*Il les fait aſ-
ſeoir, & il s'aſſied entr'elles deux.*)

La Princeſſe GUDULE.

Quel eſt ce Muſi-
cien ?

Wer iſt dieſer Muſi-
cant ?

Le PRINCE.

C'eſt un François.

Er iſt ein Franzoſe.

La Princeſſe ULRIQUE.

Ah ! bon, un Fran-
çois.

Ah ! gut, ein Franzoſe.

Le PRINCE.

Baron Schloff.

Le BARON.

Votre Alteſſe.

Le PRINCE.

Dites au Muſicien de chanter.

Le BARON.

Je dis à ce moment. (*Il va lui parler bas.*)

La Princeſſe ULRIQUE.

Princeſſe , il paroît que le Baron connoît beaucoup ce Muſicien.

Princeſſe, es ſcheint der Baron kenne dieſen Muſicanten wohl.

La Princeſſe GUDULE.

Oui ; il ne faut pas parler quand il chantera.

Ja ; aber man muſs nicht reden wann er ſingt.

Le PRINCE.

Oui, oui.

Ja, ja.

La Princeſſe ULRIQUE.

Il n'arrive donc que d'aujourd'hui ?

Er komt dann heute erſt an ?

Le PRINCE.

Oui, oui.

Ja, ja.

La Princeſſe ULRIQUE.

C'eſt donc un bon chanteur François ?

Er iſt dann ein guter Franzoſicher ſinger ?

Le PRINCE.

Attendez, attendez: Paix.

Warthet, warthet : ſtil.

M. BRILLANTSON, *chante.*

Fatal amour, cruel vainqueur !
Quel trait as-tu choiſi, pour me percer le cœur ?

Le PRINCE.

Baron Schloff?

Le BARON.

Alteffe. (*Il fe met derriere le fauteuil du Prince.*)

Le PRINCE.

Dites à cette Mouficien qu'il marche plus vîte
avec le chant.

Le BARON.

Oui, oui.   Ja, ja.

M. BRILLANTSON.

Je tremblois de t'avoir pour maître;
J'ai crains d'être fenfible ; il falloit m'en punir :
Mais devois-je le devenir
Pour un objet qui ne peut l'être ?

Le PRINCE.

Baron Schloff, dites donc qu'il marche plus
vîte.

Le BARON.

Je vais dire.

La Princeffe GUDULE.

Une autre, une autre.   Ein anders, ein anders.

Le PRINCE.

Une autre ?   Ein anders ?

La Princeffe ULRIQUE.

Oui , une autre ;   Ja , ein anders ; diefes
ceci n'eft pas bon.   ift nicht gut.

La Princesse GUDULE.

Nou, pas bon.   Nein, nicht gut.

Le PRINCE.

Baron Schloff, dites qu'il chante une autre.

Le BARON.

Je dirai aussi. (*Il va parler à M. Brillantfon.*)
Le Prince, il demande une autre chanfon.

M. BRILLANTSON.

Eh bien, je vais chanter l'objet qui regne.

Le PRINCE.

Baron Schloff, qu'eft-ce qu'il va chanter ?

M. BRILLANTSON.

L'objet qui regne dans mon ame, mon Alteffe.

Le PRINCE.

De qui c'eft-il ? De Phildor ?

M. BRILLANTSON.

Non, mon Alteffe ; c'eft de Rameau.

Le PRINCE.

Rameau ? j'aime mieux Phildor.

M. BRILLANTSON.

Je chanterai auffi un morceau de Philidor,
fi mon Alteffe le defire.

La Princeſſe GUDULE.

Que dit le Muſicien François ?

Was ſagt der Franzoſiche ſinger ?

Le PRINCE.

Il veut chanter un air de Rameau.

Er will ein aria vom Rameau ſingen.

La Princeſſe GUDULE.

Ah ! oui , oui ; c'eſt bon.

Ah ! ja , ja ; gut.

La Princeſſe ULRIQUE.

Bon , bon.

Gut , gut.

Le PRINCE.

Attendez, attendez ; paix.

Warthet , warthet ; ſtil.

M. BRILLANTSON, *chante.*

L'objet qui regne dans mon ame...

Le PRINCE.

Baron Schloff.

M. BRILLANTSON.

Des mortels & des Dieux doit être le vainqueur.

Le PRINCE.

Baron Schloff.

M. BRILLANTSON.

Chaque inſtant il m'enflâme....

Le PRINCE.

Baron Schloff.

M. BRILLANTSON.

D'une nouvelle ardeur,

Il m'enflâ..... me.

Le PRINCE.

Baron Schloff, Baron Schloff, Baron Schloff, Baron Schloff.

Le BARON.

Quoi, votre Alteffe ?	Was, Alteffe ?

Le PRINCE.

Venez ici.	Com ihr.

Dites qu'il chante un autre. Plus vîte.

La Princeffe GUDULE.

Une autre d'un Opé-ra-Comique.	Ein anders aus einer Opera-Comique.

Le PRINCE.

Oui, oui.	Ja, ja.

La Princeffe ULRIQUE,

Opéra-Comique.

Si jamais je prends un époux....

Le PRINCE.

Qui eſt l'Auteur de cet Opéra-Comique ?　　Wer iſt der Autor von dieſer Opera Comique ?

La Princeſſe ULRIQUE.

C'eſt Gretry ; c'eſt du Huron.　　Der Gretry ; aus dem Huron.

Le PRINCE.

Bon, bon. Baron Schloff.　　Gut, gut. Baron Schloff.

Le BARON.

Quoi, votre Alteſſe ?　　Was, Alteſſe ?

Le PRINCE.

Demandez-lui s'il ſait. (*à la Princeſſe Ulri-que.*) Comment avez vous dit ?

La Princeſſe ULRIQUE.

Si jamais je prends un époux :　Herr Franzoſe.

M. BRILLANTSON.

Princeſſe ?

La Princeſſe ULRIQUE, *chante mal.*

Si jamais je prends un époux....

M. BRILLANTSON.

Oui, Princeſſe, je vais le chanter tout-à-l'heure.

La Princeſſe GUDULE.

Voilà une charmante chanſon, Ulrique.

Das iſt ein charmantes liedchen, Ulrique.

Le PRINCE.

Paix, paix.

Stil, ſtil.

M. BRILLANTSON, *chante.*

Si jamais je prends un époux,
Je veux que l'amour me le donne.

Le PRINCE.

Plus vîte.

M. BRILLANTSON.

Qu'à la fête il vienne avec nous,
Et que ſa main nous y couronne.

Le PRINCE.

Baron Schloff, reſte-vous là ? Je trouve point qu'il marche aſſez vîte ſur le chanſon.

Le BARON.

Je dirai.

La Princeſſe GUDULE.

Bonne chanſon.

Ein gutes lied.

Le PRINCE.

Oui, oui, brave compoſiteur.

M. BRILLANTSON.

Un choix contraire à nos defirs,
Devient une fource de larmes.

Le PRINCE.

Marche, marche donc.

M. BRILLANTSON.

La liberté feule a des charmes,
Elle eft la fource des plaifirs.

Le PRINCE.

Baron Schloff, vous voyez bien qu'il ne
marche pas. Dites encore plus.

Le BARON.

Je dirai. (*Il va parler à M. Brillantfon.*)

M. BRILLANTSON.

Mais c'eft le mouvement.

Le BARON.

Faites toujours, puifque le Prince il veut.

M. BRILLANTSON.

Allons. (*Il chante plus vîte.*)

Si jamais je prends un époux,
Je veux que l'Amour me le donne.

Le PRINCE.

Bravo.

La Princeſſe GUDULE.

Ja, ja.

M. BRILLANTSON.

Qu'à la fête il vienne avec nous,
Et que ſa main nous y couronne.

La Princeſſe GUDULE.

Bravo.

La Princeſſe ULRIQUE.

Bravo.

Le PRINCE.

Nein, nein. Ecoute-moi ; & ſi vous voulez
chanter comme je dis, je prendre vous pour
mon ſervice.

M. BRILLANTSON.

J'apprendrai de mon Alteſſe ; il n'a qu'a
dire.

Le PRINCE.

Ecoute un peu, Princeſſe Ulrique, Princeſſe
Gudule. Baron Schloff com ihr.

Il chante mal & vîte.

Si jamais je prends un époux,
Je veux que l'Amour me le donne ;
Qu'à la fête il vienne avec nous,
Et que ſa main nous y couronne.

M. BRILLANTSON.

Fort bien, fort bien, mon Alteſſe.

Le PRINCE.

Paix, paix.　　　Stil, ſtil. (*Il chante, & il fait un point d'orgue.*)

Et que ſa main nous y couron.... ne.

La Princeſſe GUDULE.

Bravo.

La Princeſſe ULRIQUE.

Bravo.

Le PRINCE.

Voilà comme je veux que la chant il ſoit mené, voyez, voye-vous?

M. BRILLANTSON.

Oui, mon Alteſſe; c'eſt fort bien. Je ferai des points d'orgue.

Le PRINCE.

Ja, toujours. Eh, Baron Schloff?

Le BARON.

Admirablement, votre Alteſſe.

Le

Le PRINCE.

Si cette Muficien, il veut bien, je montre
à lui comme je veux ; & s'il fait , je donne
cinq cens ducats tous les ans.

M. BRILLANTSON.

Je ne demande pas mieux que de faire ce
que mon Alteffe voudra.

Le PRINCE.

Je vous montre tous les airs de chant comme
je voudrai ; & puis la point d'orgue que je
veux toujours , dans tous les chanfons ; voye-
vous ?

M. BRILLANTSON.

J'apprendrai avec grand plaifir de mon Alteffe.

Le PRINCE.

Eh bien , pour lors , je ferai content. Allons , Chambellan , marchons fur le fouper.
Princeffes Gudule , Ulrique , marche toujours
avec la Chambellan. (*Elles s'en vont.*) Baron
Schloff , je crois qu'il ira bien comme cela ;
mais il fait pas encore comme je veux.

Le BARON.

Il fera fûrement.
Tome V.   G

Le PRINCE.

Allons , marchons , le faim & le foif , ils me font un grand invitation à fouper. (*Ils fortent tous.*)

Fin du foixante-troifieme Proverbe.

LE BOSSU.

SOIXANTE-QUATRIEME PROVERBE.

PERSONNAGES.

LE CHEVALIER, ſous le nom du PRÉSIDENT DE ROUVIGNI, *boſſu & borgne. Habit noir, cheveux longs, ſans chapeau.*

Mad. DE SAINT-CLAIR, *veuve. Bien miſe, avec prétentions.*

Mad. DE MOUSON, *veuve. Miſe de bon goût.*

M. DE PIRMONT, *Officier de Cavalerie. En uniforme.*

TOURANGEAU, *Laquais du Préſident, en livrée.*

La Scène eſt chez le Préſident, à Lyon, dans un ſecond ſallon.

LE BOSSU.

PROVERBE.

SCENE PREMIERE.

Le PRÉSIDENT, TOURANGEAU.

TOURANGEAU.

IL y a un Monsieur qui a envoyé savoir si vous étiez chez vous, Monsieur le Chevalier.

Le PRÉSIDENT.

Monsieur le Chevalier ! Comment, depuis que nous sommes ici, tu ne peux pas t'accoutumer à dire Monsieur le Président ?

TOURANGEAU.

Je vous demande pardon, Monsieur le Président ; c'est que lorsque nous sommes seuls, je n'y pense jamais ; mais devant le monde vous savez bien....

C ij

Le PRÉSIDENT.

Allons, c'eſt bon. Qu'eſt-ce que c'eſt que ce Monſieur ?

TOURANGEAU.

C'eſt un Officier, à ce qu'on m'a dit.

Le PRÉSIDENT.

Je parie que c'eſt Pirmont.

TOURANGEAU.

Pirmont ? oui ; c'eſt comme cela qu'on l'a nommé.

Le PRÉSIDENT.

Il faut le laiſſer entrer.

TOURANGEAU.

J'entends quelqu'un ; c'eſt peut-être lui.

Le PRÉSIDENT.

Sors ; c'eſt lui-même.

SCENE II.

Le PRÉSIDENT, M. De PIRMONT.

Le PRÉSIDENT.

Monsieur, donnez - vous donc la peine d'entrer.

M. De PIRMONT.

Monfieur le Préfident, vous ferez fans doute étonné de ma vifite ; mais j'ai été fi furpris hier à l'affemblée, lorfque je vous ai vu, de vous trouver une parfaite reffemblance avec un de mes amis, que je me fuis propofé d'avoir l'honneur de vous venir voir ; & plus je vous regarde, plus cette reffemblance augmente.

Le PRÉSIDENT.

Vous voulez apparemment parler de mon frere le Chevalier ; il eft un peu mieux fait que moi pourtant, convenez-en ?

M. De PIRMONT.

Monfieur....

Le PRÉSIDENT.

Et puis il a fes deux yeux, & je ne lui ref-
... ce côté-là : mais en quoi je

lui reſſemble beaucoup, c’eſt que je vous aime réellement autant qu’il peut vous aimer.

M. De PIRMONT.

Monſieur, je voudrois fort mériter l’honneur que vous me faites.

Le PRÉSIDENT.

Il ne faudra pas attendre long-tems pour cela. (*Il hauſſe le bandeau qu’il a ſur un œil.*)

M. De PIRMONT.

Que vois-je ?

Le PRÉSIDENT.

C’eſt moi-même.

M. De PIRMONT.

Ah, Chevalier ! (*Il l’embraſſe.*) Par quelle aventure ?...

Le PRÉSIDENT.

Je vais te l’expliquer. (*Il remet ſon bandeau.*) Aſſeyons nous. (*Ils s’aſſeyent.*)

M. De PIRMONT.

Je ne comprends rien à cette maſcarade ! Pourquoi cette boſſe auſſi ?

Le PRÉSIDENT.

A préſent ce n’eſt qu’une plaiſanterie ; mais c’eſt une choſe très-férieuſe qui m’a fait prendre ce parti là. J'ai eu une affaire avec un homme que j'ai dangereusement blessé : comme il se porte mieux, tout est fini. Dans le premier moment j'ai craint qu'il ne mourût, & j'ai voulu me mettre en sûreté. J'ai un frere qui se nomme le Président de Rouvigni, qui est bossu est borgne, & qui voyage en Italie ; j'ai pris le parti de prendre son nom & sa tournure, & de venir ici. Tu sais que Lyon rassemble la meilleure compagnie ; j'y ai mené la vie la plus agréable depuis que j'y suis, & sans la moindre inquiétude.

M. De PIRMONT.

Mais puisque ton affaire est arrangée, pourquoi ne pas reprendre ta forme ordinaire, & ne pas retourner à Paris ?

Le PRÉSIDENT.

Tu ne croiras pas que fait comme me voilà, j'ai fait deux conquêtes ici.

M. De PIRMONT.

Bon !

Le PRÉSIDENT.

Mais de tout ce qu'il y a de mieux. Ce sont deux veuves fort riches.

M. De PIRMONT.

Que tu trompes peut-être ?

Le PRÉSIDENT.

Pas toutes les deux ; mais une d'elles pour venger l'autre.

M. De PIRMONT.

Est-ce celle auprès de qui tu étoit hier ?

Le PRÉSIDENT.

Oui , Madame de Saint-Clair, que je ne peux pas souffrir.

M. De PIRMONT.

Tu as raison : malgré sa beauté, c'est une femme odieuse ; elle est vaine, orgueilleuse, présomptueuse....

Le PRÉSIDENT.

Méprisante , dédaigneuse, insoutenable ! Pour Madame de Mouson....

M. De PIRMONT.

C'est une femme comme il y en a peu; elle n'emprunte aucun art pour se faire aimer ; elle enchante par une noble simplicité ; tout attire vers elle, & elle inspire une heureuse confiance : sans oser espérer d'en être aimé , on desire de lui plaire. Le charme qu'elle répand sur tout ce qui l'environne , surpasse même ce qu'on appelle bonheur avec une autre. Si c'est elle que tu veux venger, tu as bien raif....

Le PRÉSIDENT.

Elle-même. Tout boſſu & borgne que j'étois forcé de paroître, j'eſſayai de lui plaire, & j'y réuſſis au point que je fus préféré à tous ceux qui s'empreſſoient autour d'elle ; cela m'y attacha encore plus fortement : je lui propoſai de l'épouſer, & elle y conſentit.

M. De PIRMONT.

Mais il n'y a pas de bonheur pareil au tien.

Le PRÉSIDENT.

Je n'en conçois pas de plus grand ! Madame de Saint-Clair, rivale en beauté de Madame de Mouſon, fit des plaiſanteries très amères ſur ſon goût pour moi ; je fus un peu inquiet que cela ne l'en détachât.

M. De PIRMONT.

Il falloit te montrer tel que tu es.

Le PRÉSIDENT.

Je voulus pouſſer cela plus loin, & j'eus de quoi être content ; car Madame de Mouſon me dit les propos que Madame de Saint-Clair avoit tenu ſur ſon choix ; mais que cela n'étoit pas étonnant de ſa part, que c'étoit plutôt la figure qui la déterminoit que le mérite perſonnel. Je fus enchanté de la façon de penſer de Madame

de Moufon fur moi , & dans la joie où
j'étois. . . .

M. De PIRMONT.

Tu lui fis voir que tu ne méritois pas les
plaifanteries de Madame de Saint-Clair ?

Le PRÉSIDENT.

Point du tout ; je formai le projet de l'en
faire repentir.

M. De PIRMONT.

Et comment ?

Le PRÉSIDENT.

En la rendant amoureufe de moi.

M. De PIRMONT.

J'aime cela tout-à-fait ; je voudrois que tu
euffes réuffi.

Le PRÉSIDENT.

On ne peut pas plus. Mais j'entends Madame
de Moufon : viens fouper ici ce foir , & tu
feras témoin de la vengeance que j'ai imaginée.
Elles y fouperont toutes les deux.

M. De PIRMONT.

Je vais faire une vifite , & je reviens tout
de fuite.

SCENE III.

Mad. De MOUSON, Le PRÉSIDENT,
TOURANGEAU.

TOURANGEAU.

Madame de Mouson.

Le PRÉSIDENT.

Ah ! Madame , il est bien honnête à vous
d'arriver de si bonne heure.

Mad. De MOUSON.

Honnête ! ce n'est pas là le mot , Président,
convenez-en ? Vous savez le plaisir que j'ai à
être avec vous.

Le PRÉSIDENT.

Madame, il ne peut pas surpasser le mien,
je vous le jure. Si vous pouviez concevoir le
bonheur que je goûte en vous aimant, cette
sorte d'admiration que j'ai pour moi , d'avoir
pu toucher un cœur comme le vôtre ! réellement vous finirez par me rendre d'un amour
propre excessif.

Mad. De MOUSON.

Vous en dites autant, peut-être, à Madame
de Saint-Clair ?

Le PRÉSIDENT.

Sûrement ; j'étudie auprès de vous tout ce que je dois lui dire , & elle n'imagine pas que c'est à vous qu'elle le doit.

Mad. De MOUSON.

Mais elle est fort jolie, & je ne serois pas surprise qu'à la fin elle ne parvînt à vous plaire réellement.

Le PRÉSIDENT.

Cela feroit honneur à mon goût, à ma fa-çon de penser , sur-tout après la comparaison que je dois faire de vous à elle. Quelle dif-férence ! Que son ame est loin de ressembler à la vôtre ! Quel esprit que le sien ! En vérité il n'y a que le desir de vous venger qui puisse me faire supporter l'excès d'ennui & de dégoût qu'elle m'inspire.

Mad. De MOUSON.

Vous le dites, & je le dois croire ; mais je n'aime point ce desir que vous avez de me venger ; je vous l'ai déja dit : que m'importe ce qu'elle a pu dire & penser : étoit-elle faite pour sentir tout ce que vous valez ? Tenez, Président , c'est plus votre amour propre que ma gloire que vous voulez satisfaire.

Le PRÉSIDENT.

S'il n'étoit queſtion que de mon amour propre, la maniere dont elle l'a attaqué m'inquiéteroit peu ; je ne tiens pas beaucoup aux défauts qu'elle m'a reprochés.

Mad. De MOUSON.

Eh bien, en voilà aſſez. Mandez-lui tout ſimplement que vous êtes revenu à moi , & que je vais vous épouſer : ſi elle vous aime, elle ſera aſſez punie par les regrets de vous perdre.

Le PRÉSIDENT.

Oui ; mais elle ne conviendroit pas qu'elle m'a aimé , & je veux que tout le monde le ſache.

Mad. De MOUSON.

Vous dites qu'elle conſent à vous épouſer ?

Le PRÉSIDENT.

Il eſt vrai.

Mad. De MOUSON.

Que voulez-vous de plus ?

Le PRÉSIDENT.

Elle veut que nous partions ſecrétement pour ſa Terre de Saint-Clair , pour aller nous y marier , & ne revenir que quand elle croira qu'on ne parlera plus de ce mariage : moi je n'aime pas le myſtere avec elle; je veux que mon triomphe éclate.

Mad. De MOUSON.

Allons, vous êtes fou. Finiſſez cette plai-ſanterie-là.

Le PRÉSIDENT.

Dès ce ſoir même.

Mad. De MOUSON.

Comment?

Le PRÉSIDENT.

Elle vient ſouper ici avec vous.

Mad. De MOUSON.

Quel eſt votre projet?

Le PRÉSIDENT.

Puiſque vous êtes arrivée avant elle, il faut que vous vous cachiez; ſûrement elle va venir. Entrez dans ce cabinet, & vous n'en ſortirez que quand vous le jugerez à propos. Vous me ferez des reproches de vous avoir ſacrifié à elle; je ferai l'étonné de l excès de jalouſie que vous montrerez; elle ſera enchantée de triom-pher devant vous, & je me charge du reſte.

Mad. De MOUSON.

A quoi cela ſera-t-il bon?

Le

Le PRÉSIDENT.

A l'humilier, & peut-être à la corriger.

Mad. De MOUSON.

Vous ne la corrigerez point; & je me fuis bien des fois repentie de la lettre que vous avez exigé de moi, pour la faire tomber dans le piége que vous vouliez lui tendre. Il n'y a peut-être jamais eu que vous, qui ait defiré de celle qu'il aime, qu'elle lui écrive qu'elle ne l'aime plus.

Le PRÉSIDENT.

Cela a bien réuffi. J'entends quelqu'un; fau-vez-vous dans le cabinet.

Mad. De MOUSON, *fe levant.*

Avouez que vous me faites faire tout ce que vous voulez. *(Elle entre dans le cabinet.)*

SCENE IV.

Le PRÉSIDENT, Mad. De SAINT-CLAIR, TOURANGEAU.

TOURANGEAU.

MADAME de Saint-Clair.

Mad. De SAINT-CLAIR.

En vérité, Préfident, il faut que je vous

aime beaucoup pour venir ici , aujourd'hui.

Le PRÉSIDENT.

Quand ce ne feroit que pour me charmer de nouveau par cette affurance....

Mad. De SAINT-CLAIR, *s'affoyant.*

Sans votre fouper , je ne ferois pas fortie , Préfident ; mais je vous avoue que j'ai tout efpéré du plaifir de me trouver chez vous.

Le PRÉSIDENT.

Vous me comblez de joie ! Et je ne fai pas de quoi vous pouvez-vous plaindre ; car en honneur vous n'avez jamais été fi belle : vos yeux....

Mad. De SAINT-CLAIR.

Ne les regardez pas , Préfident.

Le PRÉSIDENT.

Que je me refufe au plaifir d'y lire mon bonheur : ah ! je ne me traiterai jamais avec tant de cruauté.

Mad. De SAINT-CLAIR.

Il femble que vous m'aimiez réellement?

Le PRÉSIDENT.

Comment réellement ? Qui pourroit vous en faire douter un inftant ? vous m'allarmez !

M. De SAINT-CLAIR.

Je ne fai , je crains que vous ne vous trompiez

vous-même : de plus, vous revoyez Madame
de Mouſon ; elle a bien des charmes, Préſident ! c'eſt une perſonne d'un ſi grand mérite ;
elle en avoit tant découvert en vous, les hommes ſont flattés de cela, c'eſt tout ſimple ; &
puis elle a tant de graces, un peu gauches à
la vérité ; mais vous autres, vous ne diſtinguez
pas tout cela.

Le PRÉSIDENT.

Tout ce qui peut charmer en vous m'a-t-il
échappé ?

Mad. De SAINT-CLAIR.

Ah ! point de comparaiſon, s'il vous plaît ;
je craindrois trop d'être anéantie devant elle ;
c'eſt une bonne petite femme, je l'ai aimée
autrefois.

Le PRÉSIDENT.

C'eſt dans ce tems-là que vous avez blâmé
ſon goût pour moi.

Mad. De SAINT-CLAIR.

Ah ! ne parlons plus de cela ; je me fais
horreur à moi - même de vous avoir ſi mal
connu ; je me ſuis fait juſtice depuis, en vous
diſant qu'elle n'étoit pas digne de vous, & je
vous l'ai prouvé, je crois, en vous aimant.

H ij

Le PRÉSIDENT.

J'en suis pénétré de reconnoiſſance. Elle a été piquée que je vous préféraſſe.

M. De SAINT-CLAIR.

Oui, elle a eu la ſottiſe de vous écrire qu'elle ne vous aimoit plus; je vous avoue que celui-là m'a charmé.

Le PRÉSIDENT.

C'étoit une noirceur que vous m'aviez fait là d'avoir ridiculiſé ſon goût pour moi.

Mad. De SAINT-CLAIR.

Je vous l'ai dit, ſi je ne vous avois pas déja aimé, eſt-ce que ce qu'elle peut faire m'importe aſſez pour m'en devoir occuper.

Le PRÉSIDENT.

Oui; mais la maniere dont vous vous êtes récriée par-tout, n'annonçoit rien qui me fût favorable; vous aviez même fait penſer comme vous la plupart des femmes de Lyon. Puiſque vous m'aimez, la réparation ne doit rien vous coûter.

Mad. De SAINT-CLAIR.

Mais je vous épouſe, Préſident, que voulez-vous de plus ?

Le PRÉSIDENT.

Que ce ne foit pas dans votre Terre ; que ce foit ici aux yeux de toute la ville.

Mad. De SAINT-CLAIR.

C'eft une folie que cette prétention-là ! d'ailleurs la repréfentation me déplaît à mourir.

Le PRÉSIDENT.

Vous n'êtes pas accoutumée au monde ?

Mad. De SAINT-CLAIR.

Ce n'eft pas cela ; mais....

Le PRÉSIDENT.

Mais, c'eft que vous rougiffez de votre choix, après le langage que vous avez tenu.

Mad. De SAINT-CLAIR.

Quelle idée !

Le PRÉSIDENT.

Mais pourquoi ne pas déclarer ce mariage ? Si vous ne voulez pas qu'il fe faffe ici, je vous fuivrai par-tout où vous voudrez.

Mad. De SAINT-CLAIR.

Si vous voulez que je vous en dife la véritable raifon, c'eft que je promis à la mort de mon mari de ne me jamais remarier ; il eft vrai que je n'étois qu'un enfant.

H iij

Le PRÉSIDENT.

On connoît la valeur de ces promeſſes-là, & elles ne doivent point vous arrêter.

Mad. De SAINT-CLAIR.

Rien ne peut vaincre mes répugnances là-deſſus.

SCENE V.

M. De PIRMONT, Le PRÉSIDENT, Mad. De SAINT-CLAIR, TOURAN-GEAU.

TOURANGEAU.

Monsieur de Pirmont.

Mad. De SAINT-CLAIR.

Quoi ! vous connoiſſez Monſieur de Pirmont ?

Le PRÉSIDENT.

Il eſt mon ami depuis long-tems ; je n'ai point de ſecrets pour lui, Madame ; conſentez que je lui apprenne mon bonheur.

Mad. De SAINT-CLAIR.

Puiſqu'il eſt de vos amis, il partagera ſûrement notre ſatisfaction : oui, Monſieur, j'épouſe le Préſident ; mais j'exige de vous de n'en point parler encore.

SCENE VI.

Mad. De SAINT-CLAIR, Mad. De MOUSON, Le PRÉSIDENT, M. De PIRMONT.

M. De MOUSON, *sortant du cabinet.*

Pour moi, Madame, qui ne suis point dans le secret, j'espere que vous ne trouverez pas extraordinaire que j'apprenne à tout le monde, qu'après avoir si hautement blâmé mon goût pour le Président, vous voulez bien l'épouser pour réparer vos torts.

Mad. De SAINT-CLAIR.

Quoi, Madame?...

Mad. De MOUSON.

J'ai tout entendu, & vos projets, & tout ce que vous avez dit de moi ; & comme je ne veux pas que votre façon de penser sur mon compte soit un secret non plus, je vais l'apprendre à tout le monde, ainsi que votre mariage.

M. De PIRMONT.

Mesdames, si vous voulez passer dans le sallon, il y a déja nombreuse compagnie à qui vous ferez sûrement le plus grand plaisir.

Mad. De SAINT-CLAIR.

Eh bien, Madame, je vais y aller. Quelque chofe que vous difiez, mon fort vous fait envie ; puifque la jaloufie vous a portée à nous écouter ; & le choix d'une femme auffi parfaite que vous, ne peut que me faire honneur : il vous en reftera toujours la gloire de m'avoir éclairée fur ce que vaut le Préfident. Oui, Madame, je l'époufe, & je vous l'apprends, & j'en recevrai vos complimens avec la plus grande fatisfaction.

Le PRÉSIDENT.

Voilà tout ce que je voulois.

Mad. De MOUSON.

Vous jouiffez de tout votre triomphe ; mais du moins vous ne blâmerez plus l'amour qu'il m'a infpiré.

Mad. De SAINT-CLAIR.

Non, Madame, je vous promets de n'en plus parler.

Mad. De MOUSON.

Préfident, paffons dans le fallon.

Le PRÉSIDENT.

Non, Madame ; il faut favoir auparavant fi Madame de Saint-Clair voudra fouper ici.

Mad. De SAINT-CLAIR.

Oui , oui , Préfident, tous mes fcrupules font levés.

Le PRÉSIDENT, *à Mad. de Saint-Clair.*

Les miens ne le font pas tout-à-fait : je vous ai fait une trahifon abominable , j'en conviens ; mais vous m'aviez traité avec trop de mépris, j'ai voulu vous prouver que j'étois plus digne que vous ne penfiez , d'être aimé d'une hon‑ nête femme ; & après vous avoir tout avoué, je dois vous apprendre aufli que ce n'eft que Madame de Moufon pour qui je puiffe vivre, & que je l'époufe.

Mad. De SAINT-CLAIR.

Quoi ! monftre....

Le PRÉSIDENT.

J'ai pu vous le paroître jufqu'à préfent ; mais je vais me montrer tel que je fuis. (*Il ôte fon bandeau, & fait difparoître fa boffe.*)

Mad. De SAINT-CLAIR.

Que vois-je ?....

Mad. De MOUSON.

Eft-il bien poffible !....

Le PRÉSIDENT.

Oui , Madame , je ne fuis point le Préfident de Rouvigny , mais fon frere , le Chevalier de la Milliere , l'ami de Pirmont , qu'une
affaire d'honneur avoit fait cacher fous le nom
du Préfident.

Mad. De MOUSON.

Et vous m'avez laiffé ignorer tout cela. Ah ,
Chevalier ! ....

Le PRÉSIDENT.

Je voulois vous venger de Madame , avant
de vous rien apprendre , & que vous ne puif-
fiez pas l'empêcher ; ce que vous auriez fûre-
rement fait , fi vous aviez tout fçû.

Mad. De SAINT-CLAIR , *avec dépit.*

Monfieur de Pirmont , donnez-moi la main ,
je vous prie.

Le PRÉSIDENT.

Quoi , Madame , vous ne foupez pas ici?

Mad. De SAINT-CLAIR.

Je ne veux les revoir de ma vie. (*Elle*
s'en va.)

Le **PRÉSIDENT.**

Pirmont, tu reviendras?

M. De **PIRMONT.**

Sûrement.

SCENE VII.

Mad. De **MOUSON**, Le **PRÉSIDENT.**

Mad. De **MOUSON.**

JE voudrois pouvoir cacher cette aventure à tout le monde.

Le **PRÉSIDENT.**

Vous êtes trop bonne, Madame.

Mad. De **MOUSON.**

Ne paroiſſez encore aujourd'hui qu'en Préſident de Rouvigny.

Le **PRÉSIDENT.**

Je ne le puis; je veux avoir le plaiſir de voir approuver votre choix hautement, & ne plus vous expoſer à trouver encore une Madame de Saint-Clair.

Mad. De **MOUSON.**

Ah! Chevalier, je n'avois pas beſoin de

vous voir mieux que vous n'étiez, pour vous aimer toujours.

Le PRESIDENT.

C'eſt ce qui fera que toute ma vie vous ne me verrez occupé que de ma reconnoiſſance & de mon bonheur.

Fin du ſoixante-quatrieme Proverbe.

LA ROBE
DE CHAMBRE.

SOIXANTE-CINQUIEME PROVERBE.

PERSONNAGES.

M. LE ROND, *veuf. Habit & veste brune à boutons d'or, perruque en bonnet.*

M. DE SAINT-MAUR. *Habit & veste à boutons d'or, couteau de chasse, perruque blonde à la brigadiere, canne & chapeau.*

Mlle. DE L'ÉPINE, *nièce de M. de Saint-Maur. En robe rayée, manteau de gaze noire, bonnet en papillon.*

DAME FRANÇOISE, *Gouvernante de M. le Rond. Robe d'Indienne brune, grand bonnet & tablier de cuisine.*

La Scène est à Vitri, près Paris, chez M. le Rond.

LA ROBE
DE CHAMBRE.
PROVERBE.

SCENE PREMIERE.

M. Le ROND, M. De SAINT-MAUR.

M. De SAINT-MAUR, *en entrant.*

Voila le sallon, apparemment? ·

M. Le ROND.

Oui; n'est-il pas bien?

M. De SAINT-MAUR.

Fort bien, fort bien.

M. Le ROND.

J'ai là ma chambre à coucher de plein pied
au jardin, un cabinet, & tout ce qu'il me

faut. Cela eſt un peu petit ; mais je me tiens
ici toute la journée , & à la campagne....

M. De SAINT-MAUR.

Votre maiſon eſt fort jolie , je vous aſſure.

M. Le ROND.

Nous avons dans ce village une aſſez bonne
compagnie , & j'y paſſe ſix mois de l'année.
J'ai ſept petits appartemens à donner qui ne
ſont pas mal ; voulez-vous les voir ?

M. De SAINT-MAUR.

Non, je n'ai pas le tems.

M. Le ROND.

Pour un homme veuf il n'en faut pas davantage ; n'eſt-ce pas ?

M. De SAINT-MAUR.

Il y a bien des gens qui voudroient en avoir
la moitié.

M. Le ROND.

Vous devriez venir paſſer comme cela quelque tems avec moi, & amener Mademoiſelle
votre nièce.

M. De SAINT-MAUR.

C'eſt ce que je viens vous propoſer.

M. Le ROND.

Tout de bon ? Voilà qui eſt agir en ami.
Et quand viendrez-vous ?

M. De

M. De SAINT-MAUR.
Aujourd'hui.

M. Le ROND.
Vous badinez ?

M. De SAINT-MAUR.
Non vraiment ; nous fommes venus dîner chez Madame de la Rue ; j'y ai laiffé ma nièce pour venir vous faire cette propofition.

M. Le ROND.
Il falloit venir dîner ici tout de fuite.

M. De SAINT-MAUR.
Je ne voulois pas venir m'établir comme cela de but en blanc tout d'un coup, fans vous prévenir.

M. Le ROND.
Voilà une jolie maniere , pour un ami de vingt-cinq ans ; car il y a vingt-cinq ans que nous étions enfemble chez le Procureur.

M. De SAINT-MAUR.
Il y en a vingt-huit , mon ami.

M. Le ROND.
Tant que cela ?

M. De SAINT-MAUR.
Oui , vraiment.

Tome V. I

M. Le ROND.

Ecoutez donc, je crois que vous avez raifon ; car je me fuis marié neuf ans après ; j'ai gardé ma femme onze ans, & il y a huit ans qu'elle eft morte ; ceci eft vrai. Comme le tems paffe !

M. De SAINT-MAUR.

Qu'eft - ce que cela fait , pourvu qu'on fe porte bien.

M. Le ROND.

Comme vous dites ; voilà le principal. Ah ça , je m'en vais prendre ma canne & mon chapeau, pour aller chercher Mademoifelle de l'Epine.

M. De SAINT-MAUR.

Voilà une belle cérémonie ! Elle joue au Wifth ; je vous l'amenerai : faites vos affaires.

M. Le ROND.

Vous ne voulez pas ?

M. De SAINT-MAUR.

Non , non.

M. Le ROND.

Mais c'eft que cela feroit plus honnête.

M. De SAINT-MAUR.

Voulez-vous faire des façons avec nous?

M. Le ROND.

Vous favez bien que je n'en fais jamais.

M. De SAINT-MAUR.

Tenez-vous donc tranquille.

M. Le ROND.

Allons, puifque vous le voulez, je refterai pour donner des ordres à Dame Françoife, afin que votre nièce foit bien.

M. De SAINT-MAUR.

Elle le fera toujours , dès qu'elle fera chez vous. Je vais la chercher.

M. Le ROND.

Allez, allez, je vous attends.

M. De SAINT-MAUR.

Bon jour, mon ami.

M. Le ROND.

Vous me faites réellement plaifir. Adieu. (*Il appelle.*) Dame Françoife, Dame Fran-çoife ?

SCENE II.

M. Le ROND, Dame FRANÇOISE.

Dame FRANÇOISE, *apportant une
robe-de-chambre.*

EH bien, me voilà, me voilà; il ne faut pas
crier si fort.

M. Le ROND.

Je ne vous savois pas si près.

Dame FRANÇOISE.

Oh! vous croyez toujours qu'on ne pense
pas à vous. Allons, voulez-vous mettre votre
robe-de-chambre à présent?

M. Le ROND.

Non, pas encore: mettez-là sur cette chaise.

Dame FRANÇOISE.

Pourquoi cela donc?

M. Le ROND.

Parce que.... Où est Saint-Louis?

Dame FRANÇOISE.

Vous savez bien que vous l'avez envoyé à
Paris.

M. Le ROND.

Ah! c'est vrai.

Dame FRANÇOISE.

Pourquoi në mettez-vous pas votre robe-de-chambre aujourd'hui ? vous qui aimez tant à être à votre aise.

M. Le ROND.

Parce qu'il va me venir du monde.

Dame FRANÇOISE.

Du monde, du monde : Cela ne vous coûte rien à vous de prier les gens. C'eſt donc pour ſouper ? Je n'ai rien.

M. Le ROND.

Il faudra bien que vous trouviez quelque choſe ; car ce n'eſt pas pour un jour. Cette vître eſt-elle raccommodée dans la chambre jaune ?

Dame FRANÇOISE.

Eh ! mon Dieu, non.

M. Le ROND.

Il faut aller chercher le Vitrier.

Dame FRANÇOISE.

Saint-Louis ira quand il ſera revenu. Qu'eſt-ce qui vient donc loger ici ?

M. Le ROND.

Monſieur de Saint-Maur, &....

Dame FRANÇOISE.

Ah ! Monfieur de Saint-Maur, à la bonne heure.

M. Le ROND.

Et fa nièce.

Dame FRANÇOISE.
Mademoifelle de l'Epine ?

M. Le ROND.

Oui.

Dame FRANÇOISE.

Qu'eft-ce que vous voulez faire de cela ? C'eft une piegrieche plus droite, plus dédaigneufe, plus glorieufe, plus fèche !

M. Le ROND.

Voilà comme vous êtes ; vous dites toujours du mal des gens que vous n'aimez pas. Qu'eft ce qu'elle vous a fait ?

Dame FRANÇOISE.

A moi ? oh rien ; je ne lui ai jamais parlé, & je ne lui parlerai jamais.

M. Le ROND.

Vous voilà toujours avec vos préventions.

Dame FRANÇOISE.

Mes préventions ? Et fi c'étoit une Demoi-felle comme une autre, eft-ce qu'elle feroit

venue à trente ans fans être mariée ? Moi, j'ai
été mariée à dix-neuf ; mais auffi, c'eft que je
ne faifois pas la fucrée comme elle.

M. Le ROND.

Allons, ne dites pas de ces chofes-là.

Dame FRANÇOISE.

Oh, je n'aurai que faire de le dire , vous
le verrez bien. Il femble qu'elle ne veuille pas
des hommes, & elle croit qu'ils font tous amoureux d'elle ; mais je n'en dis rien, ce n'eft
pas-là mon affaire.

M. Le ROND.

Et qu'eft-ce qui vous a fait ces contes-là ?

Dame FRANÇOISE.

Des contes ? Ah pardi ! demandez à Saint-
Louis, il vous dira fi ce font des contes.

M. Le ROND.

Saint-Louis ?

Dame FRANÇOISE.

Oui ; il a fervi Monfieur de Saint-Maur.

M. Le ROND.

Je le fai bien.

Dame FRANÇOISE.

Il n'eft forti de chez lui qu'à caufe de cette
belle Demoifelle-là.

I iv

M. Le ROND.

Vous le croyez?

Dame FRANÇOISE.

Eh pardi, demandez-le à lui-même; il vous dira qu'un jour elle s'eſt plainte à Monſieur de Saint-Maur que Saint-Louis étoit amoureux d'elle, parce qu'il la regardoit quand elle lui parloit. Monſieur de Saint-Maur a eu beau lui dire qu'elle ſe trompoit, parce que le pauvre garçon eſt louche, comme vous ſavez; elle n'en a voulu rien croire.

M. Le ROND.

Allons, allons.

Dame FRANÇOISE.

Et elle l'a fait ſortir.

M. Le ROND.

Arrangez toujours la chambre jaune & la chambre rouge pour eux.

Dame FRANÇOISE.

Oh, Saint-Louis les arrangera quand il ſera revenu : il faut que je ſonge à mon ſouper, moi.

M. Le ROND.

Allez-vous-en donc; car je crois que je les entends.

Dame FRANÇOISE.

Ah ! je ne veux pas la voir tant seulement.
(*Elle sort.*)

M. Le ROND.

Les domestiques sont de drôles de gens !
tout ce qu'ils croient savoir ! ils voient tout
le monde avec envie , les pauvres malheureux !

SCENE III.

Mlle. De L'ÉPINE, M. De SAINT-MAUR, M. Le ROND.

M. De SAINT-MAUR.

Est-il là, Monsieur le Rond ?

M. Le ROND, *allant à la porte.*

Oui, oui ; entrez ici.

M. De SAINT-MAUR.

Tenez, mon ami , voilà Mademoiselle de
l'Epine, ma nièce, qui est charmée que vous
vouliez bien la recevoir.

Mlle. De L'ÉPINE, *faisant une grande révérence.*

Monsieur, c'est bien de l'honneur pour moi...

M. Le ROND.

Vous vous moquez, Mademoifelle, vous êtes la nièce de mon ami; & quand vous ne la feriez pas, une perfonne de votre mérite eft toujours fûre de faire grand plaifir. Je vous ai vu bien petite, Mademoifelle. (*Il veut l'embraffer.*) Permettez-vous?

Mlle. De L'ÉPINE, *reculant.*

Quoi, Monfieur?....

M. De SAINT-MAUR.

Elle eft un peu fcrupuleufe. Allons, allons; embraffez mon ami le Rond.

Mlle De L'EPINE.

Mais....

M. Le ROND.

Il faut bien faire connoiffance. (*Il l'embraffe.*)

Mlle. De L'ÉPINE, *s'effuyant le vifage.*

Mais en vérité, Monfieur....

M. De SAINT-MAUR.

Qu'eft-ce que vous avez donc ma nièce ?

Mlle. De L'ÉPINE.

C'eft que Monfieur m'a jetté du tabac dans l'œil.

M. Le ROND.

Bon ! je n'ai baifé que fon oreille.

M. De SAINT-MAUR.

Cela ne fera rien.

M. Le ROND.

Il faut bien fe faire à tout. Quand nous nous connoîtrons davantage , vous verrez que moi, je fuis fans façons.

Mlle. De L'ÉPINE.

Monfieur , il y a des chofes que la pudeur ne permet pas.

M. Le ROND.

Quand on y entend pas de mal , je crois qu'on ne doit pas fe formalifer.

M. De SAINT-MAUR.

Non , non ; c'eft qu'elle ne fait pas comme vous êtes.

M. Le ROND.

Mademoifelle verra que je ne vais point par quatre chemins moi : à quoi cela fert-il ? J'aime la franchife.

M. De SAINT-MAUR.

Il a raifon.

M. Le ROND.

Je ne vous montre pas encore votre chambre , parce qu'elle n'eft pas arrangée ; mais j'efpere que vous en ferez contente.

Mlle. De L'ÉPINE.

Monsieur, tout ceci me paroît très-propre ; c'est la premiere chose que l'on doit défirer ; & quand on la trouve, on est toujours bien.

M. Le ROND.

Ecoutez donc, il y a encore une chose ; c'est que les lits soient bons ; & pour en être sûr, j'ai commencé par coucher dans tous mes lits pour les essayer.

Mlle. De L'ÉPINE.

Quoi, dans celui où je coucherai ?

M. Le ROND.

Oui, Mademoiselle ; & c'est le meilleur de la maison.

Mlle. De L'EPINE.

Mais, Monsieur, quand on destine un logement à des femmes, il ne faudroit pas que des hommes y logeassent jamais.

M. Le ROND.

Bon ! Et qu'est-ce que cela fait ?

M. De SAINT-MAUR.

Laissez-là dire. Je m'en vais retourner chez Madame de la Rue, à qui j'ai oublié de parler de quelque chose.

M. Le ROND.

Allez, allez ; nous nous promenerons après dans mon jardin : je vous ferai voir tous les fruits que j'aurai cette année.

M. De SAINT-MAUR.

Je reviens tout de suite.

SCENE IV.

Mlle. De L'EPINE, M. Le ROND.

M. Le ROND.

EH bien, Mademoiselle, vous ne vous af-soyez pas ?

Mlle. De L'EPINE.

Pardonnez-moi.

M. Le ROND.

Où voulez-vous donc vous asseoir ? mettez-vous sur le canapé.

Mlle. De L'EPINE.

Effectivement, vis-à-vis d'un homme ; cela seroit décent !

M. Le ROND.

Pourquoi pas ? (*Il veut la faire asseoir sur le canapé.*)

Mlle. De L'EPINE.

Mais finiffez donc, Monfieur ; en vérité ces manieres-là ne me conviennent point du tout.

M. Le ROND.

Allons, allons ; que de façons! (*Il la fait affeoir.*) N'êtes-vous pas mieux là que fur un fauteuil ? Je veux chez moi que l'on foit à fon aife.

Mlle. De L'EPINE.

Mais c'eft que s'il venoit quelqu'un, en vérité....

M. Le ROND.

Eh bien , voyez le grand malheur! mais il ne viendra perfonne. Oh! quand j'ai des femmes chez moi, il faut qu'elles faffent tout ce que je veux déja.

Mlle. De L'EPINE.

Tout ce que vous voulez?

M. Le ROND.

Oui, je veux qu'elles y foient bien , qu'elles ne fe gênent pas.

Mlle. De L'EPINE.

Cependant il y a des chofes qui ne font pas honnêtes.

M. Le ROND.

Bon, pas honnêtes; je ne me gêne pas non plus moi.

Mlle. De L'EPINE.

J'efpere pourtant.... (*M. le Rond veut s'af-feoir fur le canapé.*) Que voulez-vous donc faire?

M. Le ROND.

M'affeoir à côté de vous.

Mlle. De L'EPINE.

Non pas, s'il vous plaît, où je vais m'en aller.

M. Le ROND.

Allons donc, vous faites l'enfant. (*Il lui prend la main.*) Ecoutez-moi ; j'ai une grace à vous demander.

Mlle. De L'EPINE.

Lâchez ma main.

M. Le ROND.

Quand vous m'aurez promis....

Mlle. De L'EPINE.

Je ne vous promets rien. (*Elle retire fa main.*)

M. Le ROND.

Mais un petit moment.

Mlle. De L'EPINE.

Otez-vous de-là ; je vous écouterai après.

M. Le R O N D.

Bon ! tenez, voilà ce que je veux vous dire.
Du vivant de la défunte, elle s'affoyoit toujours où vous êtes, toutes les après-dînés ; je
l'aimois beaucoup ; je ne me fuis jamais gêné
avec elle ; je vous demande la même chofe.

Mlle. De L'E P I N E.

Quoi donc ?

M. Le R O N D.

Que vous m'accordiez les libertés du mariage.

Mlle. De L'E P I N E.

Mais, Monfieur, y penfez-vous ? Où mon
oncle m'a-t-il amenée ! (*Elle veut fe lever.*)

M. Le R O N D.

Un moment donc ; quand vous me connoî-
trez, vous ne vous fâcherez plus comme cela.

Mlle. De L'E P I N E.

Je me fâcherai toujours.

M. Le R O N D.

En vérité, je vous croyois plus raifonnable.

Mlle. De L'E P I N E.

Monfieur, vous ne favez pas à qui vous avez
affaire.

M. Le R O N D.

Mais écoutez-moi ; votre vertu s'effarouche-là
de rien.

Mlle.

Mlle. De L'EPINE.

Comment de rien ?

M. Le ROND.

Oui, j'ai eu bien des femmes ici, & elles ne m'ont jamais refusé ce que je vous demande.

Mlle. De L'EPINE.

Il faut savoir quelles femmes c'étoient.

M. Le ROND.

De fort honnêtes femmes, très-gaies, & qui n'y regardoient pas de si près.

Mlle. De L'EPINE.

C'étoient des femmes qui aimoient les hommes apparemment.

M. Le ROND.

Surement ; pourquoi pas ? A propos, on dit que vous vous piquez de les haïr ?

Mlle. De L'EPINE.

Mais quand ils seront faits comme vous, je crois que j'aurai raison.

M. Le ROND.

Ah ! Mademoiselle, cela n'est pas honnête ce que vous dites là ; mais je veux que vous m'aimiez.

Tome V.   K

Mlle. De L'EPINE.

Cela fera bien difficile.

M. Le ROND.

Nous allons paſſer un peu de tems enſemble ; ſi ce n'étoit que pour deux ou trois jours,
je ne vous preſſerois pas de m'accorder ce que
je vous demande, & je me contraindrois ; mais
j'eſpere que nous ferons une connoiſſance ſi
intime, qu'à la fin vous ne me refuſerez pas
toujours.

Mlle. De L'EPINE.

Je vous réponds, Monſieur, que je ne reſ-
terai pas ici davantage, ou du moins ſeule avec
vous.

M. Le ROND.

Où irez-vous ? dans votre chambre ? Quand
on eſt chez ſes amis, il faut bien vivre avec
eux.

Mlle. De L'EPINE.

Oui, avec ſes amis ; mais décemment du
moins.

M. Le ROND.

Mais c'eſt-il plus décent avec un oncle
qu'avec un autre ?

Mlle. De L'EPINE.

Comment ! avec un oncle ?

M. Le ROND.

Sans doute ; & je parie que Saint-Maur ne ſe gêne pas.

Mlle. De L'EPINE.

Vous avez là une jolie idée de lui & de moi ?

M. Le ROND.

Mais tous les oncles ſont de même avec leurs nièces, je crois.

Mlle. De L'EPINE.

Monſieur, quand on reſpecte les femmes, on n'a ſeulement pas cette penſée.

M. Le ROND.

C'eſt parce que je vous reſpecte, que je vous ai demandé cette permiſſion-là ſérieuſement : car avec les autres, quand je leur diſois, Meſdames, vous permettez les libertés du mariage ? Elles rioient comme des folles, & il n'y avoit pas plus de difficultés que cela. Je vous dis, ſi vous vouliez, cela ſera bientôt fait.

SCENE V.

Mlle. De L'ÉPINE, M. Le ROND,
Dame FRANÇOISE.

M. Le ROND.

Qu'est-ce qu'il y a, Dame Françoise ?

Dame FRANÇOISE.

Monsieur, c'est le Vîtrier qui a passé par ici ;
je l'ai appellé, & il a fini.

M. Le ROND.

C'est bon ; on lui payera cela avec le reste.

Dame FRANÇOISE.

Mais, Monsieur, est-ce que vous restez comme
cela aujourd'hui ?

M. Le ROND.

Oui, j'ai demandé la permission à Mademoiselle, & elle ne veut pas.

Dame FRANÇOISE.

Je vous l'avois bien dit.

Mlle. De L'EPINE.

Qu'est-ce que vous voulez dire, ma bonne ?

Dame FRANÇOISE.

Je dis, Mademoiselle, que si j'étois de

Monfieur, je me moquerois de votre permif-
fion, & j'irois mon train.

Mlle. De L'EPINE.

Vous lui donnez là de jolis confeils.

Dame FRANÇOISE.

Mon Dieu, Mademoifelle, il ne faut pas
faire tant la renchérie ; j'aime mon maître, &
je fai bien ce qu'il lui faut ; mais il l'a voulu ;
je l'ai averti de tout ce qui arriveroit.

Mlle. De L'EPINE.

Je fuis bien aife du moins que vous me
connoiffiez.

Dame FRANÇOISE.

Pour moi, je ne m'en foucie point du tout.

Mlle. De L'EPINE, *en colere.*

Vous êtes une impertinente. (*Elle fe leve.*)

SCENE VI.

M. De SAINT-MAUR, Mlle. De L'ÉPINE, M. Le ROND, Dame FRANÇOISE.

M. De SAINT-MAUR.

EH bien, ma nièce, qu'eſt-ce que c'eſt que cette colere, qu'avez-vous donc ?

Mlle. De L'EPINE.

Mon oncle, je veux ſortir tout-à-l'heure de cette maiſon-ci.

M. De SAINT-MAUR.

Mon ami, qu'eſt-ce cela veut dire ?

M. Le ROND.

Moi, je n'y comprends rien.

Dame FRANÇOISE.

Allons, vous êtes trop bon, vous. Je m'en vais vous expliquer cela, Monſieur de Saint-Maur.

Mlle. De L'EPINE.

Monſieur prétend que vous prenez avec moi des libertés....

M. De SAINT-MAUR.

Moi ?

Dame FRANÇOISE.

Oui ; eh bien, où feroit le mal avec fa nièce ? Il auroit raifon ; & fi j'avois un oncle, je ne voudrois pas qu'il fe gênât avec moi.

M. De SAINT-MAUR.

Expliquez-moi donc....

Dame FRANÇOISE.

Tenez, Monfieur de Saint-Maur, Monfieur fe met toujours en robe-de-chambre quand il eft chez lui ; voilà la fienne que j'ai apporté tantôt ; il n'a pas voulu la mettre, parce qu'il m'a dit qu'il lui venoit du monde ; moi je fai que cela le gêne.

M. De SAINT-MAUR.

Eh bien ?

M. Le ROND.

Eh bien, voilà tout ; elle dit vrai.

Mlle. De L'EPINE.

Non, ce n'eft pas cela.

M. Le ROND.

Pardonnez-moi, Mademoifelle, je vous ai demandé les libertés du mariage.

M. De SAINT-MAUR, *riant.*

Les libertés du mariage?

M. Le ROND.

Oui.

Mlle. De L'EPINE.

Vous voyez bien qu'il en convient.

M. Le ROND.

Parbleu, sans doute.

M. De SAINT-MAUR.

Qu'est-ce que vous vouliez dire?

M. Le ROND.

Eh! qu'elle me permît de me mettre à mon aise, en robe-de-chambre; il me semble que cela se dit comme cela.

M. De SAINT-MAUR.

Pas toujours.

M. Le ROND.

Pour moi, c'est ma maniere.

Mlle. De L'EPINE.

Quoi, c'étoit-là ce que vouliez dire?

M. Le ROND.

Oui, Mademoiselle; qu'est-ce que vous aviez donc entendu?

Mlle. De L'EPINE.

Rien, Monsieur.

Dame FRANÇOISE.

On ne se fâche pas pour rien.

M. Le ROND.

Dites-donc ce que vous aviez entendu ?

M. De SAINT-MAUR.

Allons, allons voir votre jardin.

M. Le ROND.

Je le veux bien, si cela convient à Mademoiselle.

Dame FRANÇOISE.

Oui ; mais mettez toujours votre robe-de-chambre, & moquez-vous du qu'en dira-t-on.

M. Le ROND.

Non, je ne veux pas.

M. De SAINT-MAUR.

Allons, ne faites point de façons. (*Il sort avec Mlle. de l'Epine.*)

M. Le ROND.

Puisque vous le voulez....

Dame FRANÇOISE, *lui donnant sa robe-de-chambre.*

Vous voyez bien que j'avois raison de vous

dire que c'étoit une piegrièche : nous avions bien affaire de l'avoir ici ; mais vous n'en faites jamais qu'à votre tête , malgré ce que je vous dis.

M. De SAINT-MAUR , *dehors.*

Eh bien , venez-vous ?

M. Le ROND.

Oui , oui , me voilà. (*Ils fortent.*)

Fin du foixante-cinquieme Proverbe.

LE SOT

ET

LES FRIPONS.

SOIXANTE-SIXIEME PROVERBE.

PERSONNAGES.

Mad. DE LA TASSE, *Limonadiere. Robe jaune, bonnet & coëffe noire.*

Mlle. CÉCILE, *fille de Mad. de la Taſſe. Robe couleur de roſe rayée, petit bonnet, tablier vert.*

M. DU PONT, *Ecrivain, pas encore juré expert. Habit gris, petit galon d'argent, épée & chapeau.*

M. DU CROC. *En frac rouge à boutons d'or, épée, chapeau ſur la tête, & col noir.*

M. DU CORNET. *Habit vert, petit galon d'or, épée & chapeau ſur la tête.*

M. DU TROUILLET. *Habit canelle à boutons d'argent, veſte bleue, boutons d'or, cheveux en queue, épée & chapeau, tous deux mis niaiſe‑ment.*

LOUIS, *Garçon Cafetier. Veſte brune & tablier.*

La Scène eſt dans le Caffé de Mad. de la Taſſe, porte Saint-Michel à Paris.

LE SOT
ET
LES FRIPONS.
PROVERBE.

SCENE PREMIERE.

M. DU PONT, LOUIS.

M. DU PONT.

EH bien, Louis, Mademoiselle Cécile a-t-elle paru aujourd'hui ?

LOUIS.

Non, Monsieur, pas encore ; vous savez bien qu'elle ne descend jamais que l'après-midi.

M. DU PONT.

Il est vrai ; mais c'est que je suis fort inquiet.

LOUIS.

Pourquoi donc?

M. DU PONT.

Parce qu'hier au soir il m'a paru qu'elle avoit du chagrin.

LOUIS.

Je ne sai pas pourquoi; car elle devroit être bien aise, au contraire.

M. DU PONT.

Bien aise?

LOUIS.

Oui, car je crois que nous irons bientôt à la noce.

M. DU PONT.

A la noce! & de qui?

LOUIS.

Eh pardi, d'elle-même.

M. DU PONT.

On la marie?

LOUIS.

Oui, vraiment : j'ai entendu parler de cela tout bas; mais il n'en faut rien dire.

M. DU PONT.

Voilà pourquoi elle étoit si triste hier. Nous sommes bien malheureux!

LOUIS.

Eſt-ce que vous l'aimez ?

M. DU PONT.

Ah! ſûrement, je l'aime !

LOUIS.

Eh pourquoi ne l'avez-vous pas demandé en mariage ? Je ſuis bien ſûr que Madame de la Taſſe, ſa mere, vous l'auroit donnée.

M. DU PONT.

Tu le crois, Louis ?

LOUIS.

Pour cela, oui : elle l'auroit bien donné à Monſieur Du Croc, s'il ne s'y étoit pas pris trop tard.

M. DU PONT.

Quoi ! ce fripon qui vient ſouvent ici avec Du Cornet ?

LOUIS.

Oui. Je ne ſai pas ſi c'eſt un fripon ; Madame de la Taſſe ne le croit pas, toujours.

M. DU PONT.

Tout le monde le connoît pour cela , ainſi que Du Cornet.

LOUIS.

En ce cas-là, je ſuis bien aiſe qu'il n'épouſe

pas Mademoiselle Cécile. Tenez , la voilà ,
vous pourrez lui parler.

M. DU PONT.

Oui ; mais si sa mere....

LOUIS.

Elle ne vient peut-être pas encore. Je vais
me tenir auprès de la porte , & je chanterai
quand elle paroîtra.

SCENE II.

Mlle. CÉCILE, M. DU PONT,
LOUIS.

LOUIS.

Entrez, entrez, Mademoiselle ; voilà Monsieur Du Pont qui vous attend.

Mlle. CÉCILE, *troublée.*

Monsieur Du Pont ?

M. DU PONT.

Oui, Mademoiselle ; je suis au désespoir de
ce que je viens d'apprendre.

Mlle. CÉCILE.

Ah ! mon Dieu , cela n'est que trop vrai ;
je n'ai pu vous rien dire hier à cause de ma
chere

chere mere ; mais vous avez dû voir combien j'étois fâchée.

M. DU PONT.

Aussi ai-je été très-inquiet ; mais je ne me croyois pas aussi malheureux que je le suis.

Mlle. CÉCILE.

Ah ! dites que nous le sommes ! mais il faut que je m'asseye, car ma chere mere va venir.

M. DU PONT.

Louis nous avertira. Quoi, vous croyez que rien ne pourroit rompre ce mariage ?

Mlle. CÉCILE.

Il n'y a pas d'apparence, car mon prétendu arrive aujourd'hui.

M. DU PONT.

Et qui est-il ?

Mlle. CÉCILE.

Il s'appelle Monsieur Du Trouillet, & il est de Poissy, où son pere a une charge dans les bœufs, à ce qu'on dit.

M. DU PONT.

Si j'avois pu prévoir qu'on eût dû vous marier sitôt, je me serois proposé à Madame votre mere ; peut-être m'auroit-elle accepté. Quelle différence ! Mais si je lui parlois, à Madame....

Mlle. CÉCILE.
Il n'eſt plus tems, Monſieur du Pont.

M. DU PONT.
Elle ſait mon talent pour les écritures ; je compte me faire recevoir bientôt écrivain juré expert aux vérifications ; tout cela feroit peut-être....

Mlle. CÉCILE.
Elle trouve déja Monſieur Dutrouillet charmant , & elle ne l'a jamais vu.

M. DU PONT.
Elle ſait que j'ai hérité de mon oncle , qui demeuroit à la place de Sorbonne , & qui venoit toujours ici, Monſieur de la Forêt.

Mlle. CÉCILE.
Quoi, c'étoit votre oncle ?

M. DU PONT.
Oui, vraiment, frere aîné de mon pere.

Mlle. CÉCILE.
Elle l'aimoit beaucoup ; je crois qu'il l'appelloit ſa commere.

M. DU PONT.
Sans doute ; c'eſt cela même.

Mlle. CÉCILE.
Eh bien, vous croyez ?....

LOUIS, *chante.*

La Bourbonnoife a bien des écus.

M. DU PONT.

Ah! voilà Madame votre mere.

LOUIS, *chante.*

A bien des écus, la Bourbonnoife,
A bien des écus....

SCENE III.

Mad. DE LA TASSE, Mlle. CÉCILE,
M. DU PONT, LOUIS.

Mad. DE LA TASSE.

LOUIS?

LOUIS.

Madame?

Mad. DE LA TASSE.

Rangez donc ce tabouret, qui fera caffer le col à quelqu'un.

LOUIS.

Allons, allons, Madame, on y va.

M. DU PONT.

Madame De la Taffe, je fuis bien votre ferviteur.

L ij

Mad. DE LA TASSE.

Ah! Monsieur, je ne vous voyois pas ; je vous salue. (*à Mlle. Cécile.*) Eh bien, qu'est-ce que vous avez donc vous ? vous ne savez ce que vous faites.

Mlle. CÉCILE.

Quoi donc, ma chere mere ?

Mad. DE LA TASSE.

Vous oubliez tout : tenez, voilà vos ciseaux que vous laissez traîner par-terre.

Mlle. CÉCILE.

Je croyois les avoir dans mon sac, ma chere mere.

Mad. DE LA TASSE.

Allons, laissez votre ouvrage, il faut que nous allions chez votre grand'mere.

Mlle. CÉCILE.

Cela sera bientôt fait. (*Elle plie son ouvrage, & regarde M. Du Pont, pendant que Mad. De la Tasse parle à Louis, & Du Pont soupire.*)

LOUIS.

Madame, est-ce que vous allez sortir ?

Mad. DE LA TASSE.

Oui. Si un Monsieur, qui s'appelle Monsieur

Du Trouillet, vient me demander, vous viendrez me chercher chez ma mere.

LOUIS.

Oui, Madame.

Mad. DE LA TASSE.

Mais tout de fuite, entendez-vous, Louis?

LOUIS.

Oh, que oui; laiffez-moi faire, je fai bien pourquoi.

Mad. DE LA TASSE.

Eh. bien, venez-vous, Cécile?

Mlle. CÉCILÉ.

Oui, ma chere mere.

Mad. DE LA TASSE.

Allons, paffez.

Mlle. CÉCILE.

Me voilà. (*Elle paffe.*)

Mad. DE LA TASSE.

Eh bien, trouffez donc votre robe; elle ne fonge à rien. Allons, quand vous ferez mariée, je ferai bien débarraffée. (*Elles s'en vont.*)

SCENE IV.

M. DU PONT, LOUIS.

LOUIS, *après avoir regardé aller Mad. De la Taſſe & Cécile.*

Monsieur Du Pont, voilà Monſieur Du Croc & Monſieur Du Cornet qui viennent.

M. DU PONT.

Ici ?

LOUIS.

Oh, ſûrement.

M. DU PONT.

Eh bien, donne-moi la Gazette ; je veux un peu écouter ce qu'ils diront.

LOUIS.

Celle d'Utrecht, ou d'Amſterdam ?

M. DU PONT.

N'importe, la premiere venue.

LOUIS.

Tenez, voilà celle d'Utrecht.

M. DU PONT.

C'eſt bon ; ne fais pas ſemblant de les en- tendre. (*Il lit.*)

LOUIS.

Oh, laiſſez-moi faire; je regarderai à la porte.

SCENE V.

M. DU PONT, M. DU CROC, M. DU CORNET, LOUIS.

M. DU CROC.

Tiens, aſſoyons-nous ici. (*MM. Du Croc & Du Cornet s'aſſoyent auprès d'une table.*)

LOUIS.

Ces Meſſieurs veulent-ils quelque choſe?

M. DU CROC.

Non, laiſſez-nous en repos. (*Louis va regarder à la porte.*)

M. DU CORNET.

Tu crois donc qu'il va arriver?

M. DU CROC.

L'on m'a mandé qu'il arrivoit aujourd'hui; mais comme je ne ſai pas où il demeurera, je crois qu'il faut l'attendre ici.

M. DU CORNET.

Comment s'appelle-t-il?

L iv

M. DU CROC.

Du Trouillet.

M. DU CORNET.

Je connois ce nom-là.

M. DU CROC.

Il est de Poiſſy.

M. DU CORNET.

C'eſt cela même : ſon pere eſt la plus grande bête qu'il y ait au monde.

M. DU CROC.

Tant mieux ; nous aurons bon marché du fils ; il faut le faire déguerpir de Paris, avant qu'il ait épouſé Mademoiſelle Cécile.

M. DU CORNET.

Sans doute ; parce que tu voudrois bien l'épouſer toi ?

M. DU CROC.

Sa mere ne demandera pas mieux.

M. DU CORNET.

Je le crois ; mais qu'eſt-ce que j'aurai moi pour ma peine, & toi·même en cas que ton mariage manque ?

M. DU CROC.

Ce que nous pourrons attraper à Du Trouillet.

M. DU CORNET.

Ah ! j'entends ; laiffe-moi faire. Tu m'aide-
ras ?

M. DU CROC.

Sans doute, comme à l'ordinaire.

M. DU CORNET.

C'eft bon. Nous nous conduirons felon que
le fujet prêtera.

SCENE VI.

**M. DU PONT, M. DU CROC,
M. DU CORNET, M. DU TROUIL-
LET, LOUIS.**

M. DU TROUILLET, *à la porte,*
à Louis.

Monsieur, eft-ce ici où demeure Madame
De la Taffe ?

LOUIS.

Oui, Monfieur.

M. DU TROUILLET.

Et Mademoifelle fa fille auffi ?

LOUIS.

Oui, Monfieur.

M. DU TROUILLET.

Y font-elles?

LOUIS.

Non, Monfieur; mais donnez-vous la peine d'entrer.

M. DU TROUILLET.

Oui, oui; pour les attendre, n'eft-ce pas? (*Il entre.*)

LOUIS.

Oui, Monfieur; parce que je m'en vais les chercher.

M. DU TROUILLET.

Il ne faut pas les déranger; je ne fuis pas preffé; je n'ai point d'affaires.

LOUIS.

Mais je crois, fi je ne me trompe, que Monfieur eft le prétendu de Mademoifelle?

M. DU TROUILLET.

Oui, c'eft vrai. Comment voyez-vous cela?

LOUIS.

C'eft que Madame m'a dit de l'avertir quand vous arriveriez.

M. DU TROUILLET.

Ah! ah! elle le favoit donc?

LOUIS.

Apparemment.

M. DU TROUILLET.

Je ne comprends pas cela. Il faut que mon pere lui ait mandé; car pour moi, je ne lui ai jamais écrit.

LOUIS.

Affoyez-vous là, s'il vous plaît.

M. DU TROUILLET.

Où?

LOUIS.

Où vous voudrez.

M. DU TROUILLET.

Je m'en vais me mettre ici; ferai-je bien?

LOUIS.

Oui, oui; je m'en vais chercher Madame & Mademoiselle.

M. DU TROUILLET, *arrêtant Louis.*

Attendez donc.

LOUIS.

Comment, eft-ce que vous ne ferez pas bien aife de voir notre Demoifelle?

M. DU TROUILLET.

Oh que fi, fur-tout fi elle eft jolie; parce que j'aime les jolies filles, moi.

LOUIS.

Eh bien, c'eſt pour cela.

M. DU TROUILLET.

Ecoutez donc , & ne bougez. Je ſuis malin, moi : je veux la voir ſans qu'elle ſache qui je ſuis.

LOUIS.

Ah , j'entends.

M. DU TROUILLET.

Vous voyez bien qu'il ne faut pas lui dire : ainſi je vous en prie reſtez-là, je vous payerai chopine.

LOUIS.

Ah ! Monſieur , vous êtes bien bon ; il ne faut rien pour cela. Je vous avertirai ſeulement quand elles reviendront.

M. DU TROUILLET.

Voilà ce que je veux. (*Il s'aſſied auprès d'une table. Louis regarde à la porte.*)

* M. DU CROC.

Il me paroît que nous tirerons parti de ce nigaud-là.

M. DU CORNET.

Il faut nous approcher.

M. DU CROC.

Monfieur arrive de Province à ce qu'il me paroît.

M. DU TROUILLET.

Oui, Monfieur, de Poiffy, tout-à-l'heure.

M. DU CORNET.

Ah ! c'eft un beau pays. C'eft apparemment pour être Moufquetaire que vous venez ici.

M. DU TROUILLET.

Ah ! mon Dieu, que nenni ; c'eft bien tout au contraire.

M. DU CROC.

Ah, je vois bien ; c'eft que Monfieur veut fe faire Abbé.

M. DU TROUILLET.

Bon ; c'eft encore bien plus au contraire.

M. DU CORNET.

Plus au contraire ?

M. DU TROUILLET.

Oui, vous ne devinez pas ?

M. DU CORNET.

Non.

M. DU TROUILLET.

Ah ! je fuis bien aife de vous embarraffer l'efprit comme cela ; car on m'avoit dit qu'à

Paris tout le monde en avoit beaucoup plus
que moi ; & pourtant....

M. DU CORNET.

Vous en avez plus que nous?

M. DU TROUILLET.

Ce n'est pas là ce que je veux dire ; je suis
trop bien élevé pour cela.

M. DU CROC.

Et comment êtes-vous venu ?

M. DU TROUILLET.

Dans une voiture de mon pere.

M. DU CROC.

Etiez vous seul ?

M. DU TROUILLET.

Bon , seul ! nous étions beaucoup.

M. DU CORNET.

Tant mieux, on ne s'ennuye pas , parce qu'on
cause.

M. DU TROUILLET.

Ah, oui causer! je ne pouvois pas parler ;
parce qu'ils faisoient un tapage terrible.

M. DU CROC.

Vous connoissiez ces gens-là ?

M. DU TROUILLET.

Oh beaucoup ; parce que je passe ma vie
avec eux.

M. DU CROC.

Eh bien , cela vous fera des connoiſſances à Paris.

M. DU TROUILLET.

Bon , des connoiſſances ; ils ſont peut-être tous morts à préſent. (*Il rit.*)

M. DU CORNET.

Comment morts !

M. DU TROUILLET.

Eh , mais ſans doute , ils ne venoient que pour cela à Paris.

M. DU CROC.

Eſt-ce que c'étoient des criminels ?

M. DU TROUILLET.

Non , vous n'y êtes pas.

M. DU CORNET.

Qu'eſt-ce que c'étoient donc que ces gens-là.

M. DU TROUILLET.

Ces gens-là , étoient des veaux. (*Il rit.*)

M. DU CROC.

Ah ! vous êtes venu dans une charrette avec des veaux ?

M. DU TROUILLET.

Oui , vous n'auriez jamais deviné ? (*Il rit.*)

M. DU CORNET.

Cela fait une bonne compagnie.

M. DU TROUILLET.

Oh, moi, je les aime fort, parce qu'ils ne mordent jamais ; ils font doux comme des moutons.

M. DU CROC.

Ah, c'eft vrai ; mais fi vous aimez auffi les moutons, vous auriez pu venir avec eux.

M. DU TROUILLET.

Oui da, ils viennent à pied eux.

M. DU CROC.

Ah, c'eft vrai.

M. DU TROUILLET.

Oh, mon voyage étoit bien arrangé comme cela ; mon père fait bien ce qu'il fait ; c'eft un homme d'efprit.

M. DU CROC.

Vous tenez bien de lui.

M. DU TROUILLET.

On dit que je tiens de ma mere ; mais elle ne parle pas fi bien que moi, parce qu'elle bégaie.

M. DU CORNET.

Vous n'êtes pas comme cela vous ; vous parlez bien.

M. DU

M. DU TROUILLET.

J'ai été jusqu'à fept ans , que l'on croyoit que je ferois muet.

M. DU CROC.

Cela auroit été grand dommage.

M. DU TROUILLET.

Sans doute. Eh bien , j'ai parlé en fix mois auffi-bien que je parle à préfent.

M. DU CROC.

C'eft bien heureux! Eft-ce pour des affaires ou pour votre plaifir que vous êtes venu à Paris?

M. DU TROUILLET.

Pour l'un & pour l'autre.

M. DU CORNET.

Ah , ah.

M. DU TROUILLET.

Vous ne devinerez peut-être pas encore?

M. DU CROC.

Cela me paroît bien difficile.

M. DU TROUILLET.

C'eft que je me marie ; vous voyez bien que tous les deux s'y trouvent.

M. DU CROC.

Oui , vous avez raifon ; mais cela vous occa-fionnera bien de la dépenfe.

M. DU TROUILLET.

Oh, oui ; mais aussi mon cher pere m'a-t-il donné bien de l'argent.

M. DU CROC.

Si vous n'en aviez pas assez, je vous en prêterois avec grand plaisir.

M. DU TROUILLET.

Monsieur, vous avez bien de la bonté ; car vous ne me connoissez pas.

M. DU CORNET.

On voit que vous avez la mine d'une honnête homme, & qu'avec vous il n'y a rien à perdre.

M. DU TROUILLET.

C'est bien vrai ; & je pense de même de vous, Messieurs ; aussi je vous confie que j'ai cinquante bons louis d'or, dans cette poche-là.

M. DU CROC.

Il faut prendre garde de les perdre.

M. DU TROUILLET.

Oh, ils sont bien enveloppés dans du papier.

M. DU CORNET.

Le papier quelquefois se déchire ; cela n'est pas sûr.

M. DU TROUILLET.

Vous allez voir, vous allez voir.

M. DU CROC.

J'en ai bien vu perdre comme cela , fans qu'il parût rien au papier. T'en fouviens-tu, Du Cornet ?

M. DU CORNET.

Oh , pour cela oui.

M. DU TROUILLET.

Ma foi, écoutez donc ; je crois que vous avez raifon, le papier eft déchiré. (*Il tire fes louis, & il les compte.*)

M. DU CROC, *bas à Du Cornet.*

Prends tes dez ; je reviendrai quand j'entendrai du bruit.

M. DU CORNET.

Oui , oui.

M. DU CROC.

Monfieur , je fuis très-fâché d'être obligé de vous quitter. Je reviendrai dans l'inftant.

M. DU TROUILLET.

Monfieur , il ne faut pas vous gêner ; & puis vous voyez bien que je compte mes louis, & que je les renveloppe.

M. DU CORNET.

Oui , oui ; je tiendrai compagnie à Monfieur.

M. DU CROC.

Je ne ferai pas long-tems. (*Il s'en va.*)

M. DU PONT, *à Louis, qui s'approche de lui.*

Ne dis rien ; je vais faire femblant de dor-mir. (*Il ronfle.*)

SCENE VII.

M. DU TROUILLET, M. DU CORNET, M. DU PONT, *faifant femblant de dormir,* LOUIS, *à la porte.*

M. DU TROUILLET, *comptant fes louis.*

Il me faudra d'autre papier.

M. DU CORNET.

On va vous en donner. Garçon ?

LOUIS.

Monfieur.

M. DU CORNET.

Donnez donc du papier à Monfieur.

LOUIS.

En voilà, en voilà. Faut-il qu'il foit blanc ?

M. DU TROUILLET.

Non, non ; bleu, rouge, c'eft égal.

LOUIS.

Tenez, en voilà d'écrit.

M. DU TROUILLET.

C'eſt bon.

LOUIS.

Il ne vous faut plus rien ?

M. DU TROUILLET.

Non, non. Il m'a fait oublier mon compte.

M. DU CORNET.

Il n'y a qu'à recommencer.

M. DU TROUILLET.

Vous avez raiſon. (*Il recompte.*)

M. DU CORNET.

Cela ſera plus ſûr. (*Il tire des deʒ de ſa poche, & il arrange une rafle de ſix.*)

M. DU TROUILLET.

Quarante-cinq, quarante-ſix, quarante-ſept, quarante-huit, quarante-neuf : il m'en manque un.

M. DU CORNET.

Voyez dans votre poche.

M. DU TROUILLET.

Ah, vous avez raiſon ; le voilà.

M. DU CORNET.

Cela fait-il bien cinquante ?

M iij

M. DU TROUILLET.
Oui.

M. DU CORNET.
Eh bien, c'eſt bon : vous avez perdu.

M. DU TROUILLET.
Comment perdu ; je vous dis que je l'ai retrouvé.

M. DU CORNET.
Oui ; mais c'eſt vos cinquante louis qui ſont
perdus.

M. DU TROUILLET.
Eh non. Les voilà tous.

M. DU CORNET.
Oui ; mais je les ai gagnés.

M. DU TROUILLET, *riant.*
Allons donc, vous badinez.

M. DU CORNET.
Non, je ne badine pas ; ils ſont à moi.

M. DU TROUILLET.
Comment à vous ?

M. DU CORNET.
Oui ; vous voyez bien que j'ai raſle de ſix.

M. DU TROUILLET.
Qu'eſt-ce que cela me fait ?

M. DU CORNET.
Cela vous fait, que vous ne pouvez pas en

faire davantage, vous auriez beau jouer jufqu'à demain.

M. DU TROUILLET.

Mais je ne veux pas jouer.

M. DU CORNET.

Parce que vous ne pouvez pas gagner ; ainfi donnez-moi vos cinquante louis.

M. DU TROUILLET.

Non, Monfieur, ils ne font pas à vous.

M. DU CORNET.

Je vous réponds que je les aurai.

M. DU TROUILLET.

Mais, Monfieur, je n'ai pas joué.

M. DU CORNET.

Comment, Monfieur, vous me donnez un démenti ?

M. DU TROUILLET.

Mais vous le favez bien.

M. DU CORNET, *fe levant.*

Pour qui me prenez-vous ? Allons, Monfieur, donnez-moi mon argent, & fortez.

M iv

SCENE VIII.

M. DU TROUILLET, M. DU CORNET,
M. DU PONT , M. DU CROC , LOUIS.

M. DU CROC.

Comment donc , qu'eft - ce que c'eft que
cela ? te voilà bien en colere.

M. DU CORNET.

Et j'ai raifon , Monfieur m'infulte. Il me
donne un démenti.

M. DU TROUILLET.

Mais, Monfieur....

M. DU CORNET.

Allons, Monfieur , vous me payerez mes cinquante louis , & vous vous battrez.

M. DU TROUILLET.

Moi , Monfieur ?

M. DU CORNET.

Oui , vous m'avez infulté , & vous me ferez
raifon.

M. DU TROUILLET.

En vérité de Dieu , Monfieur , je vous affure...

M. DU CROC.

Ne vous fâchez pas tous les deux, & dites-
moi ce qui eft arrivé.

M. DU TROUILLET.

Monfieur, je m'en vais vous le dire.

M. DU CORNET.

Laiffez-moi parler, Monfieur; c'eft à moi à
me plaindre.

M. DU CROC.

Voyons.

M. DU CORNET.

Nous jouons cinquante louis; j'amène rafle
de fix, que voilà, & Monfieur ne veut pas
me payer.

M. DU CROC.

Vous avez tort, Monfieur Du Trouillet.

M. DU TROUILLET.

Comment tort?

M. DU CROC.

Affurément.

M. DU CORNET.

Il fait plus; il m'infulte. Allons, Monfieur,
puifque vous dites que vous n'avez pas joué,
l'épée à la main.

M. DU TROUILLET.

L'épée à la main?

M. DU CORNET.

Oui, Monſieur.

M. DU CROC.

Allons, c'eſt juſte.

M. DU TROUILLET.

Mais, Monſieur, cette épée-là n'eſt pas à moi.

M. DU CORNET.

Qu'eſt-ce que vous voulez dire ?

M. DU TROUILLET.

Que je l'ai empruntée pour faire le voyage ;
je n'en porte jamais à Poiſſy : c'eſt vrai comme
je ſuis ici.

M. DU CORNET, *ſe promenant.*

Cela ne fait rien.

M. DU CROC.

C'eſt pourtant une raiſon, Du Cornet.

M. DU TROUILLET, *à M. Du Croc.*

Ah ! je vous en prie, parlez pour moi.

M. DU CORNET.

Je veux qu'il ſe batte.

M. DU CROC, *à M. Du Trouillet.*

Il vous tuera.

M. DU TROUILLET.

Voilà ce que je crains. Ah ! mon Dieu, comment faire ?

M. DU CROC.

Commencez par lui donner vos cinquante louis.

M. DU TROUILLET.

Il le faut bien. J'aime mieux cela que d'être tué.

M. DU CROC.

Nous verrons après. Du Cornet, Monſieur du Trouillet eſt bien fâché de t'avoir offenſé; il convient qu'il a perdu.

M. DU CORNET.

Eh bien, qu'il me paye.

M. DU TROUILLET.

Monſieur, ſi vous vouliez bien vous ſouvenir que je n'ai pas....

M. DU CORNET.

Vous avez perdu; je veux de l'argent.

M. DU TROUILLET, *tremblant.*

Allons, Monſieur, le voilà.

M. DU CORNET.

N'avez-vous rien ôté. (*Il prend l'argent.*)

M. DU TROUILLET.

Non, Monſieur; voilà comme je l'ai compté devant vous.

M. DU CORNET.

Voyons ; dix , vingt , trente , quarante , &
cinquante : c'eft bon.

M. DU TROUILLET.

Vous voudrez bien que je ne me batte pas ?

M. DU CORNET , *fe promenant.*

Nous verrons.

M. DU TROUILLET.

Il ne promet rien , Monfieur !

M. DU CROC.

Il faut le laiffer calmer ; je tâcherai de vous
raccommoder.

M. DU TROUILLET.

Ah ! je vous en prie.

M. DU CROC.

Comptez fur moi.

M. DU TROUILLET.

J'y compte auffi : je fuis bienheureux de
vous avoir trouvé.

M. DU CROC.

Je fuis bien-aife de vous être utile.

M. DU TROUILLET.

On m'avoit bien dit qu'à Paris tout étoit
rempli de fripons.

M. DU CROC.

Prenez garde à ce que vous dites : si Du Cornet vous entendoit.

M. DU TROUILLET.

Ce n'est pas de lui que je parle.

M. DU CROC.

Et avez-vous encore d'autre argent ?

M. DU TROUILLET.

Non, vraiment ; mais comme je vais épouser Mademoiselle de la Tasse, sa mere m'en donnera.

M. DU CROC.

Ah, sûrement.

M. DU TROUILLET.

Et puis j'ai une bague.

M. DU CROC.

Vous la jouerez encore.

M. DU TROUILLET.

Oh, que non : & puis, en vérité, je n'ai pas joué.

M. DU CORNET.

Qu'est-ce qu'il dit ?

M. DU CROC.

Rien, rien.

M. DU CROC.

Eſt-elle jolie, votre bague?

M. DU TROUILLET.

Mais oui; la voilà : ma chere mere m'a dit
qu'elle valoit vingt-cinq louis.

M. DU CROC.

Voyons. (*Il prend la bague.*) Oui, vous en
aurez cela ou rien : mais cachez-là, car Du
Cornet aime le jeu, & il vous feroit peut-être
encore jouer, s'il la voyoit.

M. DU TROUILLET.

J'ai envie de la mettre dans ma bouche.

M. DU CROC.

C'eſt fort bien imaginé.

M. DU TROUILLET.

Tenez, comme cela, la voit-on?

M. DU CROC.

Non, pas beaucoup.

M. DU TROUILLET.

Et puis je dirois que j'ai une fluxion.

M. DU CROC.

Vous avez bien de l'eſprit au moins. Ah
ça, il faut que je vous raccommode avec Du
Cornet.

M. DU TROUILLET.

Ah ! je vous en ferai très-obligé ; car fans cela, je n'oferois jamais fortir d'ici.

M. DU CROC.

Bon, c'eft le meilleur homme du monde ; quand il eft en colere, cela ne dure qu'un moment ; mais il eft terrible.

M. DU TROUILLET.

Je fuis auffi comme cela moi.

M. DU CROC.

Je le crois bien : chacun a fon défaut. Vous allez voir. Du Cornet, es-tu encore fâché contre Monfieur Du Trouillet ?

M. DU CORNET.

Moi, point du tout ; c'eft fini, je n'y penfe plus.

M. DU CROC.

Allons, touchez-vous dans la main tous les deux.

M. DU CORNET.

Je le veux bien. (*Il tend la main à M. Du Trouillet.*

M. DU TROUILLET.

Monfieur, vous me faites bien de l'honneur.

M. DU CORNET.

Reste-tu ici, Du Croc ?

M. DU CROC.

Non, vraiment. A propos....

M. DU CORNET.

Où va tu donc ?

M. DU CROC.

Chez mon Jouaillier ; il y a une pierre à ma bague, que je crains qui ne tombe.

M. DU CORNET.

Quelle idée ! viens à la Comédie Françoise.

M. DU CROC.

Ce n'est pas le quartier.

M. DU CORNET.

Mais puisque cette pierre à tenu jusqu'à présent, elle tiendra bien encore : tu iras demain.

M. DU CROC.

Non, je ne veux pas la perdre.

M. DU CORNET.

Voyons-là donc ?

M. DU CROC, *regardant à son doigt.*

Ah, ah, je n'ai pas ma bague ; je l'ai pourtant

tant prife avant de partir ; je l'avois tout-à-
l'heure.

M. DU CORNET.

Il faut chercher.

M. DU CROC.

Je n'ai pas remué de ma place ; c'eft fingu-
lier !

M. DU CORNET.

Mais, Monfieur du Trouillet ne l'a-t-il
pas vu ?

M. DU TROUILLET.

Non, Monfieur.

M. DU CORNET.

Je ne crois pas cela : un homme qui eft
capable de ne pas vouloir payer ce qu'il a perdu,
eft capable de voler une bague.

M. DU TROUILLET, *pleurant.*

Pour cela, je fuis bien malheureux d'être
venu ici !

M. DU CORNET.

Qu'eft-ce que vous dites ? Allons, vous êtes
un fripon ; rendez-là tout-à-l'heure.

M. DU TROUILLET.

Mais, Monfieur, je vous jure que je ne
l'ai pas.

Tome V.   N

M. DU CORNET.

Du Croc ?

M. DU CROC.

Mais je ne saurois croire qu'il l'ait.

M. DU CORNET.

Je te dis que si. Allons, finissez, que je ne vous le dise pas deux fois.

SCENE IX.

Mad. DE LA TASSE, Mlle. CÉCILE, M. DU TROUILLET, M. DU CROC, M. DU CORNET, M. DU PONT, LOUIS.

Mad. DE LA TASSE.

Comment donc, Messieurs, qu'est-ce que c'est que ce bruit-là ?

M. DU CORNET.

Madame, vous arrivez à propos pour faire rendre à Du Croc une bague que cet homme-là lui a volé.

Mad. DE LA TASSE.

Quoi ! Monsieur, chez moi ?

M. DU TROUILLET.

Madame, vous ne me connoiffez pas ; je viens pour être votre gendre ; je m'appelle Du Trouillet.

M. DU CORNET.

Je vous dis, Madame, que c'eft un voleur.

Mad. DE LA TASSE.

Comment ?

M. DU CORNET.

Oui, Madame, il ne vouloit pas me payer cinquante louis que je lui ai gagné.

Mad. DE LA TASSE.

Quand cela ?

M. DU CORNET.

Ici, tout-à-l'heure.

Mad. DE LA TASSE.

Quoi, Monfieur, vous êtes joueur, & vous jouez fi gros jeu encore ?

M. DU TROUILLET.

Non, Madame, ne croyez pas….

M. DU CORNET.

Comment, vous ofez foutenir….

Mad. DE LA TASSE.

Un moment, Meffieurs, il peut être joueur ;

mais je ne crois pas qu'il ſoit un voleur. Comment eſt faite votre bague, Monſieur Du Croc?

M. DU CROC.

C'eſt une pierre jaune, entourée.

Mad. DE LA TASSE.

Eh bien, Monſieur Du Trouillet n'a qu'à ſe fouiller.

M. DU TROUILLET, *déſeſpéré.*

Ah! c'eſt bien traître celui-là!

Mad. DE LA TASSE.

Comment, vous ne le voulez pas?

M. DU TROUILLET.

Pardonnez-moi, Madame.

M. DU CROC.

Cela n'eſt pas néceſſaire; je la lui ai vu mettre dans ſa bouche; il n'a qu'à l'ouvrir.

M. DU TROUILLET.

Mais....

Mad. DE LA TASSE.

Allons, Monſieur, ouvrez la bouche.

M. DU TROUILLET.

Eh bien, oui, Madame, j'ai une bague; mais c'eſt la mienne; la voilà. (*Il tire la bague de ſa bouche.*) Monſieur le ſait bien.

Mad. DE LA TASSE.

C'eſt celle de Monſieur Du Croc. (*Elle l'a donne à M. Du Croc.*) Monſieur , je vous prie de ne le pas faire arrêter; ſon pere eſt un très-honnête - homme , qui ne mérite pas d'avoir pour fils un coquin.

M. DU CROC.

Madame , c'eſt à votre conſidération que je ne lui ferai rièn.

M. DU TROUILLET.

Mais , Madame , pouvez - vous croire que votre gendre....

Mad. DE LA TASSE.

Mon gendre ; un voleur , mon gendre! non , miſérable, tu ne le ſeras jamais.

M. DU TROUILLET.

Si vous vouliez m'entendre....

M. DU CROC.

Madame , puiſque Monſieur n'épouſe pas Mademoiſelle Cécile, vous ſavez les propoſitions que je vous ai faites.

Mad. DE LA TASSE.

Oui, Monſieur, je les accepte de tout mon cœur.

N iij

M. DU PONT, *se levant.*

Ah ! Madame , arrêtez.

Mad. DE LA TASSE.

Quoi donc ?

M. DU CROC.

Que voulez-vous dire, Monsieur ?

M. DU PONT.

Que je vais tout découvrir : oui, Messieurs, vous êtes deux fripons.

M. DU CROC.

Monsieur.

M. DU PONT.

Je ne crains pas de le dire , & Louis est témoin : vous avez cru qu'il ne vous entendoit pas , & que je dormois ; vous avez forcé Monsieur Du Trouillet de vous donner cinquante louis, qu'il n'avoit pas joué ; & la bague que vous venez de lui prendre est la sienne, qu'il avoit dit à Monsieur Du Croc , qu'il cachoit dans sa bouche, de peur que Monsieur Du Cornet ne la lui fît perdre en jouant.

M. DU CROC.

Cela n'est pas vrai.

M. DU PONT.

Vous avez eu affaire à un nigaud, & vous l'attendiez pour cela.

M. DU TROUILLET.

Monſieur, je vous ſuis bien obligé de prendre mon parti.

M. DU CORNET.

Monſieur, ſavez-vous que vous riſquez beaucoup ?

M. DU PONT.

Meſſieurs, je vous connois, & vous riſquez plus que moi ; car ſi vous ne rendez pas les cinquante louis & la bague, nous allons envoyer chercher un Commiſſaire.

M. DU CROC.

Monſieur, Monſieur, il ne faut pas faire tant de bruit ; tout ceci n'étoit qu'un jeu, nous n'avions pas envie de rien garder, & vous allez le voir.

M. DU PONT.

A la bonne heure.

M. DU TROUILLET.

Quoi, on me rendra tout?

M. DU CROC.

Sans doute. Voilà votre bague.

M. DU CORNET.

Et voilà vos cinquante louis.

M. DU TROUILLET.

Ah ! Meſſieurs, que je vous ai d'obligation !

M. DU CROC.

Madame, nous ne reviendrons plus ici ; puiſqu'on n'y entend pas mieux la plaiſanterie que cela.

Mad. DE LA TASSE.

Tant mieux, Meſſieurs, tant mieux.

SCENE X.

Mad. DE LA TASSE, Mlle. CÉCILE, M. DU TROUILLET, M. DU PONT, LOUIS.

LOUIS, *regardant à la porte.*

Ah ! pardi, ils s'en vont grand train ; ils ne demandent pas leur reſte.

M. DU TROUILLET.

Monſieur, je vous remercie bien. Vous voyez, Madame, que je ne ſuis ni un joueur, ni un fripon.

Mad. DE LA TASSE.

Non ; mais vous êtes un grand nigaud.

M. DU TROUILLET.

J'aurois été bien fâché de ne pas épouſer Mademoiſelle votre fille ; car je la trouve bien jolie , & je l'aimerai bien.

Mad. DE LA TASSE.

Oui ; mais elle n'eſt pas pour vous ; je ne veux pas que ma fille ſoit la femme d'un ſot : vous pouvez vous en retourner à Poiſſy , dire cela à Monſieur votre pere , & lui faire bien mes complimens.

M. DU TROUILLET.

Pardi, j'ai fait là un beau voyage !

Mad. DE LA TASSE.

Vous le méritez.

M. DU TROUILLET.

Oui ; mais comment ferai-je pour m'en aller ? La charrette aux veaux ſera peut - être partie à préſent. Adieu donc, Madame ; adieu, Mademoiſelle ; adieu Monſieur.

Mad. DE LA TASSE.

Adieu, adieu.

SCENE XI.

Mad. DE LA TASSE, Mlle. CÉCILE,
M. DU PONT, LOUIS.

Mad. DE LA TASSE.

Pour cela , Monfieur , je vous remercie
bien ; vous m'avez empêché de donner ma
fille à un fripon & à un fot , je n'oublierai
jamais cela.

M. DU PONT.

Madame, fi vous vouliez....

Mad. DE LA TASSE.

Quoi ?

M. DU PONT.

Vous feriez mon bonheur en me l'accor-
dant : nous nous aimons depuis long-tems.

Mad. DE LA TASSE.

Il fallait donc le dire plutôt , & tout cela
ne feroit peut-être pas arrivé. Voilà donc pourquoi vous étiez fi trifte , Cécile ?

Mlle. CÉCILE.

Oui, ma chere mere.

Mad. DE LA TASSE.

Ah ça, je ne demande pas mieux ; mais il faut favoir qui vous êtes, Monfieur.

M. DU PONT.

Madame, je m'appelle Du Pont, & je fuis le neveu de Monfieur de la Forêt , que vous connoiffiez.

Mad. DE LA TASSE.

Comment, que je connoiffois ? il étoit mon compere. Je vous connois auffi ; je vous ai vu tout petit, & vous étiez bien gentil. Allons, allons, mes enfans, entrons là-dedans, & nous arrangerons tout cela ; je ferai fort aife que vous foyez mon gendre.

M. DU PONT.

Eh bi ne, Mademoifelle ?

Mlle. CÉCILE.

Ah ! Monfieur Du Pont que je fuis contente !

M. DU PONT.

Je me flatte que vous le ferez toujours, du moins je ferai tout ce que je pourrai pour cela.

Fin du soixante-sixieme Proverbe.

LA SONNETTE.

SOIXANTE-SEPTIEME PROVERBE.

PERSONNAGES.

M. VICTORIN , *Commiſſaire des Guerres.*
En petit uniforme , ſans chapeau ni épée.

Mad. VICTORIN. *En robe de tafetas, peti*
manteau de gaze blanche à fleurs.

Le Chevalier DU PARC.
M. DE SAINT-VIGNARD.
M. DE LA VIROUX.
} *Officiers d'Infan-*
terie , en uni-
formes.

La Scène eſt dans une ville de garniſon , à la
porte de M. Victorin , la nuit.

LA
SONNETTE.
PROVERBE.

SCENE PREMIERE.

Mad. VICTORIN, M. VICTORIN.

M. VICTORIN.

Quelle fantaisie de vouloir vous promener à l'heure qu'il est ; il ne fait point chaud du tout : en vérité les femmes sont bien extraordinaires !

Mad. VICTORIN.

Et les maris ne sont gueres complaisants. Cependant vous dites que vous m'aimez ?

M. VICTORIN.

Sûrement, je vous aime.

Mad. VICTORIN.

Vous allez peut-être croire que je ne vous aime pas, moi.

M. VICTORIN.

Je ne dis pas cela.

Mad. VICTORIN.

Pourquoi donc me trouver ridicule ?

M. VICTORIN.

Eh bien, je vous demande pardon.

Mad. VICTORIN.

Vous ne m'auriez pas dit cela avant d'être mon mari : convenez qu'il y a deux ans.....

M. VICTORIN.

Je vous dis que j'ai tort.

Mad. VICTORIN.

Hélas ! pourquoi ne peut-on pas rester amans après le mariage !

M. VICTORIN.

Croyez vous que je ne le suis plus ?

Mad. VICTORIN.

Mais pourquoi ce ton brusque, indifférent & froid, que vous avez tous ? Est-ce qu'il y a

une

une efpece de honte à traiter auffi-bien fa femme que celle d'un autre?

M. VICTORIN.

Vous traitai-je moins bien pour cela?

Mad. VICTORIN.

Je ne vous reproche que le ton : pourquoi faut-il avoir toujours l'air excédé de ce que l'on aime ? prendre un ton ironique, qui en vérité ne fauroit plaire.

M. VICTORIN.

Le préjugé peut en être caufe ; & les exemples des nouveaux mariés, qui dans les premiers momens font bien ennuyeux, font craindre fans doute de leur reffembler.

Mad. VICTORIN.

Toutes ces raifons font peu fatisfaifantes. Quand à la promenade que vous croyez que je veux vous faire faire, vous vous trompez.

M. VICTORIN.

Pourquoi donc fortir?

Mad. VICTORIN.

Nous n'irons pas plus loin.

M. VICTORIN.

Vous conviendrez que vous avez des idées bien extraordinaires, & qu'il n'eft pas étonnant que....

Tome V.   O

Mad. VICTORIN.

Point du tout.

M. VICTORIN.

Point du tout eſt fort bon. Et le chien de baſſe-cour, que vous avez emprunté à votre frere, par exemple, pour une nuit, qu'en voulez-vous faire ?

Mad. VICTORIN.

C'eſt ce que je veux vous expliquer.

M. VICTORIN.

Et il faut que ce ſoit ici.

Mad. VICTORIN.

Oui.

M. VICTORIN.

A la bonne heure ; puiſque vous le voulez, il faut bien que cela ſoit.

Mad. VICTORIN.

Ecoutez-moi.

M. VICTORIN.

Voyons.

Mad. VICTORIN.

Vous connoiſſez le ton avantageux du Chevalier Du Parc ? c'eſt un de ces enfans gâtés de Paris....

M. VICTORIN.

A peu-près , qui ne fervent que pour pouvoir porter une plume à leur chapeau.

Mad. VICTORIN.

Vous favez que plufieurs Officiers du même Régiment m'ont rendu des foins affez publiquement & inutilement ; ils en font convaincus ; ils l'ont même dit au Chevalier Du Parc. Le Chevalier Du Parc venoit d'arriver ; il ne les entretenoit que des femmes de Paris, des rigueurs qu'elles avoient effuyées de fa part ; parce qu'il ne pouvoit pas y fuffire , lorfqu'il m'apperçut à l'affemblée. Il fe récria, fit l'étonné de trouver en Province quelqu'un d'auffi-bien ; il le dit à tout le monde , & fe fit détefter des autres femmes.

M. VICTORIN.

C'eft débuter à merveilles.

Mad. VICTORIN.

On lui dit que je vengerois les femmes de Paris de fes rigueurs.

M. VICTORIN.

Vous ?

Mad. VICTORIN.

Oui : il répondit que fûrement je ne lui réfifterois pas , & il eut l'impertinence de le parier le même foir avec fes camarades, en foupant à l'auberge ; cela me revint.

M. VICTORIN.

Il commence à faire froid, vous me conterez tout cela dans la maifon tout auffi-bien.

Mad. VICTORIN.

Un moment ; vous allez favoir pourquoi je vous ai amené ici. Le Chevalier Du Parc entreprit de gagner fon pari ; je le reçus très-bien ; il me donna de mauvais vers, de plattes chanfons ; je trouvai tout cela charmant : on me rendoit compte des progrès qu'il difoit avoir fait. Il eut la hardieffe de me demander un rendez-vous la nuit ; je lui répondis que j'y fongerois, & hier je lui ai envoyé la clef de la porte, en lui mandant qu'il pourroit venir ce foir, de bonne-heure même ; parce vous iriez à la campagne.

M. VICTORIN.

Etes-vous folle donc ?

Mad. VICTORIN.

Non, non. Il eft vrai qu'il y aura peut-être de quoi rire.

M. VICTORIN.

C'eft donc pour cela que vous m'avez tant

preſſé aujourd'hui d'aller à Morinval? Vous croyiez que j'y coucherois.

Mad. VICTORIN.

Juſtement: c'eſt à cauſe de cela que je vous ai prié de revenir. Voyez comme cela eſt con- ſéquent; & puis je vous dirois tout ce que je viens de vous dire, & ce que vous allez ſa- voir.

M. VICTORIN.

Mais pourquoi lui donner la clef de la porte? Je parie qu'il l'a montrée déja à tous les Offi- ciers de ſon régiment.

Mad. VICTORIN.

Tant mieux; c'eſt ce que je veux.

M. VICTORIN.

Je ne ſai pas à quoi vous en voulez venir; mais en garniſon, il faut toujours qu'une femme évite les hiſtoires où elle peut avoir part.

Mad. VICTORIN.

Je vous réponds que celle-ci ne me fera point de tort. Je lui ai recommandé ſur-tout de ne point faire de bruit en entrant, de peur de réveiller les domeſtiques, que j'enverrai cou- cher de bonne-heure.

M. VICTORIN.

Voyons comment vous fortirez de-là?

Mad. VICTORIN.

Il faut que vous m'aidiez.

M. VICTORIN.

Moi?

Mad. VICTORIN.

Oui, je n'ai voulu me confier qu'à vous.

M. VICTORIN.

Que faut-il que je fafie?

Mad. VICTORIN.

Que vous attachiez la corde de la fonnette qui eft auprès de la porte, de maniere qu'on ne puiffe pas l'ouvrir fans qu'elle fonne.

M. VICTORIN.

Cela eft bien aifé.

Mad. VICTORIN.

Elle fera du bruit qui éveillera le chien, qui fera lâché, & qui viendra auprès de la porte: je ne crois pas pour lors que le Chevalier Du Parc ofe entrer. Il paffera peut-être la nuit comme cela, & tout le monde fe moquera de lui.

M. VICTORIN.

Vous êtes bien folle! Allons, je m'en vais

attacher la sonnette. Il étoit bien nécessaire
d'être dans la rue pour me conter tout cela.
Je n'ai jamais vu de nuit d'été aussi froide.
Allons, allons, passés. (*Ils rentrent tous les
deux.*)

SCENE II.

**M. DE SAINT-VIGNARD, M. DE
LA VIROUX**, *avec des fusils.*

M. DE SAINT-VIGNARD, *appellant bas.*

LA VIROUX?

M. DE LA VIROUX.

Me voilà.

M. DE SAINT-VIGNARD.

Il vient d'entrer quelqu'un chez Madame
Victorin; si c'étoit le Chevalier?

M. DE LA VIROUX.

Comment veux-tu que ce soit lui, puisque
nous l'avons laissé à table?

M. DE SAINT-VIGNARD.

Il pourroit avoir couru.

M. DE LA VIROUX.

Et par où? nous l'aurions rencontré; il

n'auroit pas pris le plus long , apparemment.

M. DE SAINT-VIGNARD.

N'auroit-il pas pu paffer à droite , au lieu de paffer à gauche ?

M. DE LA VIROUX.

Bon , bon ; plaçons - nous , j'entends quel-qu'un.

M. DE SAINT-VIGNARD.

Reftes-tu là ?

M. DE LA VIROUX.

Oui.

M. DE SAINT-VIGNARD.

Je m'en vais de l'autre côté.

M. DE LA VIROUX.

Ne parle donc pas.

M. DE SAINT-VIGNARD.

Non , non.

M. DE LA VIROUX, *revenant*.

Je me fuis trompé ; il ne vient perfonne.

M. DE SAINT-VIGNARD.

Tu crois donc que Madame Victorin, veut fe moquer de Du Parc ?

M. DE LA VIROUX.

J'en suis perfuadé.

M. DE SAINT-VIGNARD.

Et moi auffi ; mais ce que nous faifons ici
en ce cas-là ne fervira à rien pour notre pari ?

M. DE LA VIROUX.

Pour le pari, non ; mais nous nous amu-
ferons toujours à l'impatienter.

M. DE SAINT-VIGNARD.

Je ne faurois croire que ce foit réellement
la clef de la porte, qu'il nous a montrée.

M. DE LA VIROUX.

Nous verrons. Allons, je crois que le voilà.
Je l'entends chanter.

M. DE SAINT-VIGNARD, *allant*
fe replacer.

Cela eft bon.

SCENE III.

Le Chevalier DU PARC, M. DE SAINT-
VIGNARD, M. DE LA VIROUX.

M. DE LA VIROUX.

Qui va là?

Le Chevalier DU PARC.
Officier.

M. DE LA VIROUX.
On ne palſe pas.

Le Chevalier DU PARC.
Pourquoi cela?

M. DE LA VIROUX.
C'eſt la conſigne.

Le Chevalier DU PARC.
Que diable eſt-ce que cela veut dire! N'eſt-ce
pas ici la rue de la place au Charbon?

M. DE LA VIROUX.
Oui, mon Officier.

Le Chevalier DU PARC.
Il ne doit pas y avoir de ſentinelle ici.

M. DE LA VIROUX.
Pardonnez-moi, toujours.

Le Chevalier DU PARC.

Ah, je m'en vais par l'autre côté. (*Il s'en va, & reparoît.*)

M. DE LA VIROUX.

Songe à toi.

M. DE SAINT-VIGNARD.

Ne t'embarrasse pas.

Le Chevalier DU PARC.

Je passerai sûrement par ici.

M. DE SAINT-VIGNARD.

Qui va là ?

Le Chevalier DU PARC.

Officier.

M. DE SAINT-VIGNARD.

Où est votre feu ?

Le Chevalier DU PARC.

Je n'ai point de feu.

M. DE SAINT-VIGNARD.

On ne passe pas.

Le Chevalier DU PARC.

C'est un tour qu'on me joue. Sentinelle ?

M. DE SAINT-VIGNARD.

Mon Officier.

Le Chevalier DU PARC.

De quelle compagnie êtes-vous ?

M. DE SAINT-VIGNARD.

De la compagnie De la Viroux.

Le Chevalier DU PARC.

Je veux voir un peu.

M. DE SAINT-VIGNARD.

Ne m'approchez pas.

Le Chevalier DU PARC.

Bon ! c'eſt Saint-Vignard ! Je ſavois bien qu'il n'y avoit pas de ſentinelle ici. Qui eſt l'autre là bas ? ·

M. DE SAINT·VIGNARD.

C'eſt La Viroux.

Le Chevalier DU PARC.

Vous vouliez donc me faire perdre le pari, tous les deux.

M. DE SAINT-VIGNARD.

Tu le perdras bien ſans cela.

Le Chevalier DU PARC.

La Viroux ?

M. DE LA VIROUX.

Eh bien ?

Le Chevalier DU PARC.

Allons, allez-vous-en tous les deux.

M. DE LA VIROUX.

Non, nous youlons voir ſi tu entreras dans la maiſon de Madame Victorin.

Le Chevalier DU PARC.

Je te dis que j'ai la clef.

M. DE SAINT-VIGNARD.

Mais l'on a peut-être changé la ſerrure.

Le Chevalier DU PARC.

Ne faites pas de bruit, & venez tous deux auprès de la porte : car on m'a recommandé d'entrer bien doucement , de peur d'éveiller les domeſtiques.

M. DE LA VIROUX.

Ne crains rien.

Le Chevalier DU PARC, *mettant la clef dans la ſerrure.*

Tiens , vois ſi la porte ne s'ouvrira pas. (*Elle s'ouvre ; mais lorſqu'il la pouſſe , la ſonnette ſonne , & un gros chien vient en-dedans contre la porte & abboye. Ils s'éloignent bien vîte tous les trois. MM. De Saint-Vignard & La Viroux en riant.*)

M. DE SAINT-VIGNARD, LA VIROUX.

Ah, ah, ah, ah, ah.

Le Chevalier DU PARC.

Mais voulez-vous bien ne pas faire tant de bruit.

M. DE SAINT-VIGNARD, LA VIROUX.

Ah, ah, ah, ah, ah.

Le Chevalier DU PARC.

Paix donc.

M. DE LA VIROUX.

Il n'y a jamais eu de sonnette à la porte de Madame Victorin.

M. DE SAINT-VIGNARD.

Ni de chien dans sa maison, à ce qu'il me semble.

M. DE LA VIROUX.

De chien ? mais cela me rappelle qu'hier elle demanda à son frere de lui prêter celui-là.

M. DE SAINT-VIGNARD.

C'étoit pour recevoir Du Parc.

Le Chevalier DU PARC.

J'espere, qu'ayant entendu ce bruit-là, elle aura fait attacher le chien, & qu'elle aura ôté la sonnette, pour l'empêcher d'aboyer.

M. DE LA VIROUX.

Ma foi, je le crois aussi ; elle est peut-être
à présent dans la crainte que tu ne revienne
pas.

M. DE SAINT-VIGNARD.

Je la plains bien sincérement ; il n'y a pas
deux hommes comme Du Parc dans le monde ;
& quand une femme a eu le bonheur de lui
plaire, elle ne doit plus être malheureuse.

Le Chevalier DU PARC.

Messieurs, vous plaisantez.

M. DE SAINT-VIGNARD.

Non, vraiment.

Le Chevalier DU PARC.

Vous voudriez bien être à ma place.

M. DE LA VIROUX.

Ah, pas encore.

Le Chevalier DU PARC.

Il me semble que je n'entends rien.

M. DE SAINT-VIGNARD.

Non : allons.

Le Chevalier DU PARC.

Que diable, restez-là.

M. DE SAINT-VIGNARD.

Ah, comme tu voudras.

M. DE LA VIROUX.

Oui ; mais il ne faut pas qu'il faſſe ſemblant d'entrer, & qu'il s'en aille.

M. DE SAINT-VIGNARD.

Oui, oui ; approchons-nous.

Le Chevalier DU PARC.

Ne faites donc pas de bruit.

M. DE LA VIROUX.

Non, non. (*Ils approchent tous les trois. Le
Chevalier Du Parc ouvre, le bruit de la ſonnette
recommence, & le chien aboye encore plus fort.
MM. De Saint-Vignard & De la Viroux rient
encore en s'éloignant de la porte.*)

Le Chevalier DU PARC.

En vérité, je ne ſai pas ce qu'il y a de
ſi plaiſant à cela.

M. DE SAINT-VIGNARD.

Comment, d'avoir la clef, & de ne pas
entrer.

M. DE LA VIROUX.

C'eſt une bien bonne clef que celle-là !

M. DE SAINT-VIGNARD.

Il n'a pas d'attention non plus ; on lui re-
commande de ne pas faire de bruit, & il fait
un tintamare de tous les diables.

M. DE

M. DE LA VIROUX.

Ah, oui; cela n'eſt pas honnête.

M. DE SAINT-VIGNARD.

Sans doute; quand on a le bonheur d'être aimé d'une femme, il faut la ménager.

M. DE LA VIROUX.

Cependant c'eſt ſa faute à elle : que n'em-pêche-t-elle la ſonnette ?

M. DE SAINT-VIGNARD.

Cela eſt vrai; à ſa place, j'entrerois tou-jours.

M. DE LA VIROUX.

Oui; mais il y a le chien.

M. DE SAINT-VIGNARD.

Eſt-ce que tu craindrois le chien ?

Le Chevalier DU PARC.

Le chien ? mais....

M. DE LA VIROUX.

Je le connois, moi; il eſt bien fort.

Le Chevalier DU PARC.

Mais, Meſſieurs, ſi vous étiez à ma place, qu'eſt-ce que vous feriez ?

M. DE SAINT-VIGNARD.

Moi, j'entrerois ſûrement.

Tome V.   P

M. DE LA VIROUX.

Et moi aussi ; je n'en voudrois pas avoir
le démenti.

M. DE SAINT-VIGNARD.

Oui ; mais nous perdrons le pari, en le con-
seillant comme cela.

M. DE LA VIROUX.

Il faudra bien tôt ou tard qu'il y renonce.

M. DE SAINT-VIGNARD.

Non pas, si le chien s'endort.

Le Chevalier DU PARC.

Messieurs, vous êtes de mauvais plaisants.
Allons, laissez-moi , par grace.

M. DE LA VIROUX.

Cela ne se peut pas, tu le sais bien.

(*Le Chevalier Du Parc, va encore pour entrer;
même bruit de la sonnette & du chien.*)

Le Chevalier DU PARC.

Le diable emporte & la sonnette & le chien !

M. DE SAINT-VIGNARD.

Ce que je trouve d'étonnant, c'est que personne ne remue dans la maison.

M. DE LA VIROUX.

Ne parle donc pas ſi haut, j'entends quelqu'un.

M. DE SAINT-VIGNARD.

On ouvre une fenêtre, je crois.

M. DE LA VIROUX.

Oui; paix, paix.

SCENE IV.

Le Chevalier DU PARC, M. DE SAINT-
VIGNARD, M. DE LA VIROUX,
M. VICTORIN.

M. VICTORIN, *à la fenêtre.*

Monsieur le Chevalier Du Parc?

Le Chevalier DU PARC.

Réponds pour moi, Saint-Vignard.

M. DE SAINT-VIGNARD.

Ah, ah, vous n'êtes pas encore couché,
Monſieur le Commiſſaire?

P ij

M. VICTORIN.

C'eſt vous, Monſieur De Saint-Vignard ?

M. DE SAINT-VIGNARD.

Oui, vraiment, je paſſe par ici.

M. VICTORIN.

Oui ; mais vous avez avec vous Monſieur le Chevalier Du Parc ; n'eſt-ce pas ?

M. DE SAINT-VIGNARD.

Pourquoi me demandez-vous cela ?

M. VICTORIN.

Je ne vous le demande pas, car j'en ſuis ſûr. Madame Victorin, vient de me dire qu'il avoit parié qu'il entreroit chez elle la nuit.

M. DE LA VIROUX, *au Chevalier Du Parc.*

On ſe moque de toi.

M. DE SAINT-VIGNARD.

Paix donc.

M. VICTORIN.

Elle le prie de renoncer à ce projet ; parce qu'elle a grande envie de dormir,

Le Chevalier DU PARC, *bas.*

Dit qu'elle m'a donné la clef; pour la confondre vis-à-vis de son mari.

M. DE SAINT-VIGNARD.

Mais....

M. DE LA VIROUX.

Dis, dis; nous saurons plus complettement comme elle le joue.

M. DE SAINT-VIGNARD.

On dit qu'il n'a pas tort; puisque Madame Victorin, lui avoit donné une clef pour entrer.

M. VICTORIN.

Cela est vrai, elle lui a donnée une clef; mais elle le prie d'être persuadé qu'avec cette clef on reste à la porte.

M. DE LA VIROUX.

Fort bien.

M. VICTORIN.

Qu'en Province, celui qui fait le plus de bruit, ne réussit pas toujours auprès des femmes; & qu'on ne fait souvent qu'éveiller les voisins, sans alarmer personne.

P iij

M. DE SAINT-VIGNARD.

Cela arrive quelquefois, Monſieur le Commiſſaire.

M. VICTORIN.

Vous chargez-vous de dire tout cela à Monſieur le Chevalier Du Parc ?

M. DE SAINT-VIGNARD.

Ne vous inquiétez pas; il le ſait déja.

M. VICTORIN.

Ah, je vous entends. En ce cas-là, je vous ſouhaite à tous le bon ſoir.

M. DE SAINT-VIGNARD.

Et la clef, ne la voulez-vous pas ?

M. VICTORIN.

Non, non; laiſſez-là dans la ſerrure, cela eſt égal. (*Il ſe retire.*)

·SCENE V.

M. DE SAINT-VIGNARD, Le Chevalier
· DU PARC, M. DE LA VIROUX.

Le Chevalier DU PARC, *jettant la clef
avec dépit.*

Tiens, la voilà ta chienne de clef.

M. DE LA VIROUX.

Ah ! tu devois la garder pour une autre
fois.

Le Chevalier DU PARC.

Allons, allons, nous coucher.

M. DE SAINT-VIGNARD.

Tu conviendras bien, avant, que tu as perdu
le pari ?

M. DE LA VIROUX.

Et que tu as été berné en plein.

M. DE SAINT-VIGNARD.

Dis que les femmes de ce pays-ci ne se
connoissent pas en vrai mérite.

PERSONNAGES.

M. LE BLANC, *Tuteur de Mlle. De Saint-Geneſt. Habit brun, veſte d'or, perruque à nœuds.*

Mlle. DE SAINT-GENEST. *Miſe comme une jeune demoiſelle, en tafetas.*

JULIE, *Femme-de-chambre de Mlle. De Saint-Geneſt. En Femme-de-chambre.*

Le Chevalier DUCHERNY. *Habit vert galonné, veſte brodée, épée & chapeau..*

M. DUCHERNY, *pere du Chevalier Ducherny. Habit brun galonné d'or, épée & chapeau.*

M. JAQUEMIN, *Commiſſaire. En habit noir, & puis en robe.*

CHAMPAGNE,
PICARD, *} Laquais de M. Le Blanc. En habits gris à boutons d'or.*

Des ARCHERS. *En uniforme du Guet à pied.*

La Scène eſt chez M. Le Blanc, dans un ſallon.

LE TROMPEUR
FAVORABLE.

PROVERBE.

SCENE PREMIERE.

Mlle. DE SAINT-GENEST, JULIE.

Mlle. DE SAINT-GENEST.

Julie, tu ne veux pas me dire abfolument
ce que tu as?

JULIE.

J'ai réellement du chagrin, Mademoifelle.

Mlle. DE SAINT-GENEST.

Pourquoi cela? Je ne te cache rien; tu fais
tous mes fecrets : quelle eft cette réferve?

JULIE.

Eh bien, Mademoifelle, c'eft vous qui m'af-

M. DE LA VIROUX, *suivant le Chevalier Du Parc.*

Où vas-tu donc ? Tu es bien preſſé.

M. DE SAINT-VIGNARD.

Attends, attends-nous. (*Ils s'en vont.*)

Fin du ſoixante-ſeptieme Proverbe.

LE TROMPEUR

FAVORABLE.

SOIXANTE-HUITIEME PROVERBE.

fligez ; je fuis au défefpoir d'être obligée de vous quitter.

Mlle. DE SAINT-GENEST.

Comment, me quitter ? je ne le souffrirai pas.

JULIE.

Il faut donc que vous fortiez d'ici ; car tant que vous y refterez, je ne peux pas y demeurer expofée à toutes les perfécutions de votre tuteur.

Mlle. DE SAINT-GENEST.

Qu'eft-ce que cela veut dire ?

JULIE.

Que vous le croyez amoureux de vous, Monfieur le Blanc ?

Mlle. DE SAINT-GENEST.

Que trop ; puifqu'il s'oppofe au mariage du Chevalier Ducherny, avec moi, & qu'il veut abfolument que je l'époufe.

JULIE.

Je crois que c'eft de votre bien qu'il eft amoureux.

Mlle. DE SAINT-GENEST.

Mais il eft jaloux.

JULIE.

Bon ; les hommes font jaloux dès qu'ils voient qu'on ne fe foucie pas d'eux. Eft-ce qu'il ne croit pas que j'aime Champagne , que je ne peux pas fouffrir.

Mlle. DE SAINT-GENEST.

Monfieur Le Blanc eft amoureux de toi ?

JULIE.

Oui , voilà ce que c'eft ; & comme fes def-feins ne peuvent être que mal-honnêtes , je ne veux pas y être expofée davantage.

Mlle. DE SAINT-GENEST.

Je le voudrois bien qu'il fût amoureux de toi , pouvoir lui prouver que je le fai , le con-fondre , & être enfin débarraffée de fes pour-fuites. Mais fur quoi juges-tu cela ?

JULIE.

Sur les propofitions qu'il m'a faites de me faire ma fortune , fi je voulois me rendre à fes defirs.

Mlle. De SAINT-GENEST , *riant.*

Quoi , tout de bon ?

JULIE.

Oui , riez. Il vouloit me donner cinquante

louis , pour aller l'attendre ce foir , dans le cabinet qui eſt au bout du jardin.

Mlle. DE SAINT-GENEST.

Hé bien, tu n'as pas voulu?

JULIE.

Mais je vous le demande ? En vérité vous avez une jolie opinion de moi , avec votre queſtion.

Mlle. DE SAINT-GENEST, *rêvant.*

Non ; c'eſt qu'il me vient une idée....

JULIE.

Qu'eſt-ce que c'eſt?

Mlle. DE SAINT-GENEST.

Tu crois qu'il ſe rendroit au pavillon?

JULIE.

J'en ſuis ſûre , vous dis-je.

Mlle. DE SAINT-GENEST.

Hé bien, il faut que tu acceptes la propo-ſition.

JULIE.

Comment, vous me croyez capable?...

Mlle. DE SAINT-GENEST.

Non ; mais écoutes-moi.

JULIE.

Je fai ce que vous allez me dire ; vous voulez nous y furprendre enfemble ?

Mlle. DE SAINT-GENEST.

Non. Il faut, te dis-je, que tu accepte la propofition, & je m'y rendrai à ta place. Je ferai en droit pour-lors de lui faire des reproches, qui l'empêcheront de fonger davantage à m'époufer, & ce fera un obftacle de moins pour le Chevalier.

JULIE.

Oui ; mais j'ai refufé avec colere, & de façon à lui ôter tout efpoir de réuffir.

Mlle. DE SAINT-GENEST.

Si tu l'as quitté avec colere, il cherchera à t'appaifer, quand ce ne feroit que pour t'empêcher de m'en rien dire.

JULIE.

Cela pourroit être.

Mlle. DE SAINT-GENEST.

Je crois l'entendre ; je vais te laiffer avec lui, & tu viendras me dire ce qui fe fera paffé.

JULIE.

Il faut que je vous fois auffi attachée que je le fuis, pour me prêter à ce que vous defirez là.

Mlle. DE SAINT-GENEST.

Mais tu ne rifques rien. S'il te donne les cinquante louis, tu feras même très-bien de les prendre.

JULIE.

Vous le croyez ?

Mlle. DE SAINT-GENEST.

Oui, oui ; il faut bien qu'il paye cette petite correction. Tu viendras me retrouver chez moi.

JULIE.

Oui, Mademoifelle. Je crois à préfent que je réuffirai : le plaifir de tromper Monfieur Le Blanc, me réjouit d'avance.

SCENE

SCENE II.

M. LE BLANC, JULIE.

M. LE BLANC.

EH bien, ma chere Julie, es-tu encore fâchée
contre moi ?

JULIE.
Mais, Monſieur, n'avois-je pas raiſon ?

M. LE BLANC.
Ce que je te propoſois devoit-il t'offenſer ?
c'eſt une preuve que je t'aime.

JULIE.
Je le ſai bien, Monſieur ; mais on ne peut
pas s'empêcher d'être ſurpriſe de voir qu'on
a mauvaiſe opinion de vous ; rien n'eſt ſi
humiliant.

M. LE BLANC.
Et où eſt la mauvaiſe opinion ?

JULIE.
Comment ! d'offrir de l'argent à une honnête fille, pour la ſéduire ; c'eſt abuſer de ſes
richeſſes.

M. LE BLANC.
Et avec qui les partagera-t-on, ſi ce n'eſt

Tome V. Q

avec les perfonnes qu'on aime ? Et puis c'eft
fi peu de chofe pour moi , voilà ce qu'il faut
confidérer.

JULIE.

Oui , il eft vrai ; mais ce feroit moi qui re-
cevrois , & ce feroit moi qui aurois tort.

M. LE BLANC, *lui donnant une bourfe.*

Quelle folie ! Tiens , mets cela dans ta
poche.

JULIE.

En vérité....

M. LE BLANC.

Allons , prends.

JULIE.

Mais fi Mademoifelle vient à favoir....

M. LE BLANC.

Elle n'en faura rien.

JULIE, *prenant la bourfe.*

Tenez, vous me faites faire - là une chofe
affreufe !

M. LE BLANC.

Tu te rendras dans le pavillon bientôt, c'eft-
à-dire, quand il fera nuit : le jour tombe, ainfi
je n'attendrai pas long-tems.

JULIE.

N'apportez pas de lumiere.

M. LE BLANC.

Non , non.

JULIE.

Je m'en vais auprès de ma maîtreſſe , en attendant. (*Elle ſort.*)

M. LE BLANC.

Champagne ?

SCENE III.

M. LE BLANC, CHAMPAGNE.

CHAMPAGNE.

Monsieur.

M. LE BLANC.

Tout va bien ; Julie a conſenti enfin à ſe rendre au pavillon·, tu ſeras vengé de ſes rigueurs.

CHAMPAGNE:

Tant mieux , cela lui apprendra à être ſi glorieuſe, & à me mépriſer.

M. LE BLANC.

Le Chevalier eſt-il chez lui ?

CHAMPAGNE.

Oui, je viens de le ·voir rentrer.

Q ij

M. LE BLANC.

Cela eſt bon. Tiens , voilà la clef de la petite porte du jardin que j'ai enveloppée dans un petit billet , où il eſt invité à ſe rendre au pavillon , de la part de Mademoiſelle de Saint-Geneſt. Fais-la lui donner en main propre , par ton homme.

CHAMPAGNE.

Il va l'avoir dans le moment.

M. LE BLANC.

Reviens ici tout de ſuite.

CHAMPAGNE.

Oui , oui.

M. LE BLANC.

Dis qu'on m'apporte de la lumiere ; car il faut que j'écrive , & l'on ne voit plus clair.

CHAMPAGNE.

Picard va vous en apporter. (*Il ſort.*)

SCENE IV.

M. LE BLANC, M. JAQUEMIN, PICARD.

PICARD, *apportant deux bougies.*

Monsieur le Commiſſaire Jaquemin.

M. LE BLANC.

Ah! Monſieur Jaquemin, je vous attendois avec impatience.

M. JAQUEMIN.

Je ne vous ai pas manqué de parole, comme vous voyez. Ah ça, dites-moi votre affaire.

M. LE BLANC.

Tout-à-l'heure. (*à Picard qui écoute.*) Va-t-en.

PICARD.

C'eſt que j'attendois, pour ſavoir ſi vous ne vouliez rien. (*Il ſort.*)

SCENE V.

M. LE BLANC, M. JAQUEMIN.

M. LE BLANC.

Avez-vous tout votre monde, votre robe,
des flambeaux ?

M. JAQUEMIN.

Oui, ne vous inquiétez pas.

M. LE BLANC.

C'eſt qu'il faut faire le plus grand éclat.

M. JAQUEMIN.

Oui ; mais il faut que je ſache de quoi il
s'agit , pour voir ſi je peux en honneur me
charger de faire ce que vous déſirez.

M. LE BLANC.

Je vais m'expliquer. Vous ſavez que j'ai chez
moi une pupile , qui s'appelle Mademoiſelle
de Saint-Geneſt ?

M. JAQUEMIN.

Oui.

M. LE BLANC.

L'avez-vous vue ?

M. JAQUEMIN.

Non , jamais.

M. LE BLANC.

Cela ne fait rien. Je veux abſolument l'épouſer ; mais elle aime le Chevalier Ducherny :
il a fait mille tentatives pour venir ici , &
ſon pere m'a fait faire des propoſitions ſans
fin pour la lui donner en mariage. Voici mon
plan : écoutez bien ceci.

M. JAQUEMIN.

Je vous écoute.

M. LE BLANC.

Je tends un piège au Chevalier , pour le
brouiller ſans miſéricorde avec Mademoiſelle
de Saint - Geneſt. J'ai engagé , avec de l'argent ,
Julie à m'accorder ce ſoir un rendez-vous, dans
le pavillon qui eſt au bout du jardin.

M. JAQUEMIN.

Fort bien.

M. LE BLANC.

Julie eſt la femme-de-chambre de Mademoiſelle de Saint-Geneſt : je crois que vous l'avez
vue hier.

M. JAQUEMIN.

Non, je ne la connois pas.

M. LE BLANC.

Elle doit être actuellement dans le pavillon à m'attendre ; & au lieu de moi, je veux que ce soit le Chevalier qui s'y trouve : pour cela je lui ai envoyé la clef de la porte du jardin, avec un billet qui le presse de s'y rendre, pour parler à Mademoiselle de Saint-Genest. Vous savez comme les amans saisissent, avec avidité, tout ce qui peut flatter leurs desirs ; je suis sûr qu'il ira.

M. JAQUEMIN.

Que voulez-vous que je fasse ?

M. LE BLANC.

Que vous surpreniez le Chevalier avec Julie dans ce pavillon, où ils seront sans lumiere ; l'éclat que vous ferez, attirera Mademoiselle de Saint-Genest, qui deviendra furieuse contre le Chevalier, & j'aurai aussi tout lieu de me plaindre de ce procédé. Vous les amenerez ici, où vous trouverez le pére du Chevalier, qui sera très en colere contre son fils, & qui sera forcé d'abandonner le projet de lui faire épouser Mademoiselle de Saint-Genest. Elle, dans son dépit, pour se venger du Chevalier, n'aura rien de mieux à faire que de consentir à m'épouser.

M. JAQUEMIN.

Par dépit ?

M. LE BLANC.

Que m'importe. Voilà la clef du jardin : vous comprenez bien tout cela ?

M. JAQUEMIN.

A merveille.

M. LE BLANC.

Vous direz qu'on vous a averti qu'il étoit entré un voleur chez moi par cette porte, & que vous le cherchez.

M. JAQUEMIN.

Oh, laiſſez-moi faire.

M. LE BLANC.

Voilà Champagne ; nous allons ſavoir....

SCENE VI.

M. LE BLANC, M. JAQUEMIN, CHAMPAGNE.

M. LE BLANC.

Hé bien ?

CHAMPAGNE.

Ma foi, Monsieur, il a gobé l'hameçon ; il a reçu le billet avec joie ; il a baisé la clef avec transport, & il a dit qu'il alloit y aller.

M. LE BLANC.

C'est bon. Vous voyez bien, Monsieur Jaquemin, que vous n'avez plus qu'à vous mettre en devoir d'exécuter tout ce que nous avons dit.

M. JAQUEMIN.

Oui, oui ; je vais mettre une mouche auprès de la porte, pour m'assurer quand il sera entré. Vous me reverrez bientôt comme vous le souhaitez. Adieu, Monsieur.

M. LE BLANC.

Adieu, Monsieur Jaquemin.

SCENE VII.

M. LE BLANC, CHAMPAGNE.

M. LE BLANC, *écrivant.*

Toi, à préfent porte ce billet au pere du Chevalier, afin qu'il vienne ici, & qu'il foit préfent à cette fcène. (*Il donne le billet à Champagne.*)

CHAMPAGNE.

Allons, j'y vais ; je fuis bien fûr de le trouver.

SCENE VIII.

M. LE BLANC, JULIE.

M. LE BLANC, *fe promenant.*

Oui, je crois ce moyen admirable ; je vais bien me divertir.

JULIE *paffe, & eft étonnée de trouver M. le Blanc, qui l'eft de même.*

Ah !....

M. LE BLANC.

Quoi, te voilà ?

JULIE.

Oui,... Monsieur,... j'aurois eu beau vous attendre.

M. LE BLANC.

Comment ? j'allois te trouver ; pourquoi n'es-tu donc pas dans le pavillon ?

JULIE.

Monsieur.... je m'en vais vous dire ; c'est que Mademoiselle a voulu se promener avec moi, & après s'être beaucoup promenée, elle a voulu entrer dans le pavillon, pour s'y repo-ser : comme je craignois que vous n'y vins-siez pendant qu'elle & moi nous y étions, je suis venue ici pour voir en chemin si je ne vous rencontrerois pas, & pour vous empêcher d'y aller.

M. LE BLANC.

Oui ; mais où est Mademoiselle de Saint-Geneft ?

JULIE.

Monsieur, elle est restée dans le pavillon où elle m'attend ; parce que je lui ai dit que j'al-lois chercher un manteau.

M. LE BLANC, *fe récriant.*
Elle eft dans le pavillon ?

JULIE.

Oui , Monfieur.

M. LE BLANC, *très-inquiet.*
O ciel !

JULIE.

Qu'avez-vous donc ?

M. LE BLANC, *agité.*
Va vîte la prier de revenir.

JULIE.

Mais Monfieur, pourquoi ?

M. LE BLANC.
Eh, ne perds pas de tems, je t'en prie.

JULIE.

Il faut que je cherche ce manteau ; allez y
vous-même.

M. LE BLANC, *fe récriant avec effroi.*
Moi !

JULIE.

Pourquoi pas ?

M. LE BLANC.
Eh, va donc, il fera peut-être trop tard.

JULIE.

Mais pourquoi ? (*à part.*) Je veux le favoir
avant.

SCENE IX.

M. LE BLANC, M. DUCHERNY, JULIE.

M. DUCHERNY.

JE viens tout de suite, Monsieur Le Blanc : avez-vous quelques bonnes nouvelles à m'apprendre ? Mais qu'avez-vous donc ? quel est ce désespoir ?

M. LE BLANC.

Ah !

M. DUCHERNY.

Vous m'effrayez ! Que vous est - il arrivé ? Mademoiselle, savez-vous ce qu'il a ?

JULIE.

Non, Monsieur, je ne l'ai jamais vu comme cela. (*M. Le Blanc s'est assis, & il est appuyé sur une table, la tête sur ses deux mains.*)

SCENE X.

M. LE BLANC, M. DUCHERNY,
M. JAQUEMIN, Le CHEVALIER,
Mlle. DE SAINT GENEST, JULIE,
DES ARCHERS *qui restent à la porte.*

JAQUEMIN.

Monsieur Le Blanc, vous devez être
content, Monsieur le Chevalier & Mademoiselle Julie n'ont point fait de résistance ; ils
consentent à s'épouser, ainsi l'honneur est ré-
paré.

M. LE BLANC.

Eh, Monsieur, vous n'avez su ce que vous
faisiez.

M. JAQUEMIN.

Comment, ils vous le diront eux - mêmes.
Monsieur & Mademoiselle, ne consentez vous
pas à vous marier ensemble.

Le CHEVALIER, Mlle. DE SAINT-GENEST.

Oui, Monsieur.

M. JAQUEMIN.

Vous voyez bien.

M. LE BLANC.

Oui , vous avez bien opéré. C'eft Mademoifelle de Saint-Geneft , & non pas Mademoifelle Julie.

M. JAQUEMIN.

Monfieur , vous m'aviez dit....

M. LE BLANC.

Ne parlons pas de cela.

Le CHEVALIER.

Je ne fai pas, Monfieur, à quoi fert cette furprife , ni le billet que j'ai reçu, que Mademoifelle m'a dit qui ne venoit pas de fa part. Je n'avois pas befoin de tout cela pour confentir à l'époufer; puifque mon pere & moi nous avons fait tout au monde, depuis long-tems , pour l'obtenir de vous.

M. LE BLANC.

Je le fai bien.

M. DUCHERNY.

A quoi bon tout cet éclat ?

Le CHEVALIER.

Monfieur le Commiffaire éclairciffez - nous, je vous prie, cette aventure.

M. JAQUEMIN, *à M. Ducherny.*

Monfieur , comme vous êtes très - honnête homme ,

homme, & que fûrement j'aurai affaire à vous ; voici ce que c'eſt.

M. LE BLANC.

Monſieur Jaquemin.....

M. JAQUEMIN.

Non, Monſieur.

M. DUCHERNY.

Monſieur, achevez donc ?

M. JAQUEMIN.

Il a été pris dans le piège qu'il avoit tendu.

Le CHEVALIER.

Comment ?

M. JAQUEMIN.

Il avoit donné rendez-vous à Mademoiſelle Julie, dans le pavillon.

Mlle. DE SAINT-GENEST.

Cela eſt vrai.

M. JAQUEMIN.

Et il avoit écrit à Monſieur votre fils, de la part de Mademoiſelle, de s'y rendre, & je devois le ſurprendre avec Mademoiſelle Julie.

JULIE.

Quoi, Monſieur, vous vouliez me déshono-rer ? Je ne ſai à quoi il tient que je ne vous arrache le yeux.

Tome V. R

M. JAQUEMIN.

Mademoiselle de Saint-Genest auroit été furieuse contre Monsieur le Chevalier, & elle auroit par dépit épousé Monsieur Le Blanc.

Mlle. DE SAINT-GENEST.

Moi! voilà un joli projet, Monsieur!

M. DUCHERNY.

Monsieur, je crois qu'avec cette conduite, vous n'avez plus d'espoir, & que vous ne vous opposerez plus après un éclat pareil à leur union.

M. LE BLANC.

Non, Monsieur ; je consens à tout, & je ne veux jamais les revoir. (*Il sort.*)

M. DUCHERNY.

Nous l'appaiserons. Monsieur le Commissaire c'est moi que vous satisferai.

M. JAQUEMIN.

Monsieur, je ne suis pas inquiet.

Le CHEVALIER, *à Mlle. De Saint-Genest.*

Nous ne nous attendions pas que Monsieur Le Blanc nous serviroit si bien.

Fin du soixante-huitieme Proverbe.

L A
GUINGUETTE.

SOIXANTE-NEUVIEME PROVERBE.

PERSONNAGES.

Mad. MINUIT, *Sage-Femme. Robe d'Indienne brune, grand bonnet, mouchoir de col à carreaux, coëffe fur les épaules.*

Mlle. GOTON, *Fille de Mad. Minuit. Robe d'Indienne bleu & blanc, relevée dans les poches, avec un tablier à carreaux rouges, bordé de vert, un bonnet fans rubans.*

M. PIQUEPOINT, *Tailleur. Habit canelle, vefte rouge bordée d'or, perruque ronde, chapeau uni.*

M. BATTU, *Huiffier. Habit gris de fer, boutons d'or, vefte noire, perruque à nœuds, chapeau & canne.*

M. DE LA TRESSE, *Perruquier. Habit blanc, vefte de bafin, cheveux retrouffés avec un peigne, chapeau poudré.*

Un GARÇON *Cabaretier. Vefte brune, tablier, bonnet de tafetas noir.*

Tous les Acteurs font du Fauxbourg S. Lazare.

La Scène eft aux Porcherons, dans le jardin d'un cabaret; il y a plufieurs tables.

LA
GUINGUETTE.

PROVERBE.

SCENE PREMIERE.

Mlle. GOTON, M. BATTU.

Mlle. GOTON, *tenant M. Battu sous le bras.*

Mais je ne le vois pas par ici.

M. BATTU.

Qui cela, Monsieur Piquepoint?

Mlle. GOTON.

Oui, lui-même; il craint ma mere, il n'osera pas venir.

M BATTU.

Ne vous embarraſſez pas ; il a avec lui un gaillard , qui ne craint ni le feu ni l'eau.

Mlle. GOTON.

Qui donc cela ?

M. BATTU.

C'eſt un Perruquier de ſes amis , qui vous fait la barbe, & qui vous friſe au fer ; il faut voir.

Mlle. GOTON.

Mais Monſieur Piquepoint n'eſt-il pas auſſi un habile Tailleur ?

M. BATTU.

Ah, je vous en réponds ; c'eſt lui qui m'a retourné cet habit-là ; voyez s'il y paroît ?

Mlle. GOTON.

S'il pouvoit changer de même la haîne que ma mere a pour la ſienne !

M. BATTU.

Ah dame, écoutez donc, la haîne ne ſe met pas à la calandre comme le drap ; mais on lui donne quelquefois du fil à retordre. Vous l'ai-mez donc bien Monſieur Piquepoint ?

Mlle. GOTON.

Je ſerois trop ingrate ſi je ne l'aimois pas ;

c'eſt une ancienne connoiſſance : ma mere m'avoit miſe en couture chez la ſienne ; c'eſt - là où j'ai appris mon métier , & vous ſentez bien qu'on ne ſe voit pas comme cela de près , ſans ſe dire un mot.

M. BATTU.

Sans doute, & c'eſt une bonne raiſon ; enfin vous verrez , ſi ce que j'ai imaginé ne réuſſira pas.

Mlle. GOTON.

Je ſai bien qu'après vous il faut tirer l'échelle auprès de ma mere; mais ſi enfin, quand elle ſaura ſon nom, elle ne vouloit pas entendre parler de lui?

M. BATTU.

Je vous dis que cela n'arrivera pas ; j'entends les affaires apparemment ; je ne ſuis pas Huiſſier pour rien.

Mlle. GOTON.

Allons, tant mieux ; parce que quand on a pris une fois, comme on dit, de l'amour pour un quelqu'un , il ſeroit bien chagrinant après , d'être obligée de ſonger à en prendre pour une autre perſonne.

M. BATTU.

Ne craignez rien. Tenez, le voilà Monsieur Piquepoint.

SCENE II.

Mlle. GOTON, M. PIQUEPOINT, M. BATTU.

M. PIQUEPOINT.

AH, Mademoiselle, je vous cherche par-tout depuis une heure.

Mlle. GOTON.

Allez-vous-en donc; si ma mere venoit.

M. PIQUEPOINT.

Madame Minuit ? bon, elle est là-bas à regarder danser, avec une de ses commeres; ainsi vous pouvez me parler. Je ne vous dirai pas....

Mlle. GOTON.

Oh, oui, je sai ce que vous savez : croyez-vous réussir ?

M. PIQUEPOINT.

Ah, vantez-vous-en, votre mere ne m'a pas vu du depuis que j'ai fait mon tour de France;

elle ne me reconnoîtra pas ; parce que j'ai pris la perruque quand j'ai été revenu à Paris, & puis j'ai affaire à un grivois qui n'est pas manchot de la langue ; laissez-nous faire.

M. BATTU.

Tenez, voilà Madame Minuit qui vient : allez-vous-en.

M. PIQUEPOINT.

Eh pardi, je vais m'asseoir à cette table-là, chacun est libre ici pour son argent.

Mlle. GOTON.

Oui, oui, je vous verrai pendant ce tems-là.

M. PIQUEPOINT.

Hé, Garçon, la maison ?

SCENE III.

Mad. MINUIT, Mlle. GOTON,
M. BATTU, M. PIQUEPOINT,
Le GARÇON.

Le GARÇON, *fans paroître.*

ALLONS, allons.

Mad. MINUIT, *en rentrant.*

Nous nous retrouverons, ma commere.

Le GARÇON.

Qu'eft-ce qui a appellé ici ?

M. PIQUEPOINT.

C'eft moi ; donnez-moi demi-fetier.

Le GARÇON.

Tout-à-l'heure. (*Il fort.*)

SCENE IV.

Mad. MINUIT, Mlle. GOTON,
M. PIQUEPOINT *affis*, M. BATTU.

M. BATTU.

D'où venez-vous comme çà, Madame Minuit?

Mad. MINUIT.

Hé pardi, d'où j'étois, à voir danfer, avec
Madame Du Croc la Bouchere; je fais mes
affaires par-tout en riant, moi, comme vous
voyez. Elle doit accoucher dans deux mois; fa
fage-femme eft morte, & elle m'a promis qu'elle
n'en auroit pas d'autre que moi.

M. BATTU.

Vous avez bien de l'efprit, au moins.

Mad. MINUIT.

Ah, oui, comme dit cet autre, tout autour
de la tête, & rien dedans. Eh bien, où eft
donc cette falade que je devons manger.

M. BATTU.

Elle va venir, elle va venir.

Mad. MINUIT.

Nous mettrons-nous là?

Mlle. GOTON, *regardant Piquepoint.*

Ah, oui, ma chere mere, nous verrons mieux le monde.

M. BATTU.

Garçon, allons, cette falade, du vin, du pain ?

Le GARÇON.

Vous allez l'avoir, on l'épluche.

M. PIQUEPOINT.

Garçon, & mon demi-fetier ?

Le GARÇON, *apportant le demi-feptier.*

Je le tiens, le voilà.

M. BATTU.

Garçon, allez donc.

Le GARÇON.

J'y vais, j'y vais.

Mlle. GOTON.

Il y a bien du monde ici, aujourd'hui.

M. BATTU.

Oh dame, un jour de fête ; c'eft toujours comme cela.

Mlle. GOTON.

Et les Dimanches, y en a-t-il autant, Monfieur Battu ?

M. BATTU.

Qui dit l'un dit l'autre.

Mad. MINUIT.

Elle ne fait pas tout cela, elle. Premierement & d'un, il faut que vous fachiez que
je l'ai élevée comme une Ducheffe; pourquoi?
parce que l'éducation va avant tout.

M. BATTU.

Oh, vous êtes une deffalée, vous, Madame
Minuit.

Mad. MINUIT.

Je connois un peu le monde; il m'en paffe
tant par les mains.

M. BATTU.

Du métier dont vous êtes, cela n'eft pas
étonnant.

Mad. MINUIT.

A propos, favez-vous que Madame la Rofe
eft groffe de trois mois?

M. BATTU.

Et il y a plus d'un an que fon mari demeure
à Senlis, & qu'il n'eft venu à Paris.

Mad. MINUIT.

Oui; mais elle vient de Senlis, elle,

M. BATTU.

Et depuis quand ?

Mad. MINUIT.

Il y avoit quinze jours qu'elle y étoit.

M. BATTU.

Ah, c'eſt malin, cela.

Mad. MINUIT.

Oui, elle a dit à tout le quartier qu'elle s'ennuyoit de ne le pas voir, qu'elle en mouroit d'envie ; & l'on a dit que c'étoit une envie de femme groſſe.

M. BATTU.

Ah, il eſt bon-là, le lapin. Hé, Garçon?

Le GARÇON.

Le voilà, le voilà. (*Il arrange tout.*) Voilà toujours du vin & du pain.

M. PIQUEPOINT, *à part.*

Ah, voilà La Treſſe, enfin.

SCENE V.

Mad. MINUIT, Mlle. GOTON,
M. BATTU, M. PIQUEPOINT,
M. DE LA TRESSE, Le GARÇON.

M. DE LA TRESSE.

Bon jour Piquepoint, tu m'attendois, je
parie ?

M. PIQUEPOINT.

Affurément : quand on s'eft donné rendez-
vous, eft-ce qu'on manque de parole ?

M. DE LA TRESSE.

Quelquefois, felon l'occurence de l'occafion.

M. PIQUEPOINT.

Je ne te reconnois pas là.

M. DE LA TRESSE.

Mais, un moment, on ne condamne pas les
gens fans les entendre, apparemment.

M. PIQUEPOINT.

C'eft jufte.

M. DE LA TRESSE.

Quand on ne fçait pas, il ne faut pas parler.

c'eſt que pour te le dire en deux mots, je me ſuis trouvé dans une danſe avec un quelqu'un, qui m'a donné un coup de talon dans la cheville du pied, qui m'a fait monter la moutarde au nés, de maniere qu'il ne l'a pas porté loin, car je lui ai donné un coup de peigne ſur le viſage, avec mon poing, dont il ſe ſentira long-temps.

M. PIQUEPOINT.

Tu ne ſeras donc jamais ſage?

M. DE LA TRESSE.

Mais c'eſt que ce mal-peigné là, après encore un coup de pied au cul que je lui ai donné, s'eſt aviſé de m'appeller chien de Merlan; quand on a de l'honneur, c'eſt un peu dur à entendre, & ſans le reſpect du ſexe, & la garde qui eſt accourue, je crois que cela ne ſe ſeroit pas paſſé comme cela; mais je le retrouverai: ce coquin-là me regardoit de travers encore.

Mad. MINUIT, *à M. Battu.*

Voilà un Perruquier qui a l'air d'un bien mauvais ſujet.

M. DE LA TRESSE.

Quoi-ce que c'eſt donc, Madame, que vous avez à dire comme cela en me regardant?

Mad.

Mad. MINUIT.

Eh ! mais, voyez un peu quel mal on lui fait ? un chien regarde bien un Evêque.

M. DE LA TRESSE.

Oui ; mais il ne parle pas en riant à un autre chien.

M. PIQUEPOINT.

Finis donc, La Tresse.

M. BATTU.

Qu'eft-ce que c'eft qu'un chien, Monfieur, feroit-ce de moi, par exemple, que vous voudriez parler ?

M. DE LA TRESSE.

Et quand cela feroit, ne feriez-vous pas trop heureux d'être le chien de Madame ? Si vous prenez cela pour vous, à la bonne heure ; qui fe fent morveux fe mouche ; ne vous échauffez pas, not' bourgeois.

M. BATTU.

Comment....

Mlle. GOTON.

Allons, Monfieur Battu, laiffez ça là.

M. PIQUEPOINT, *bas à La Treffe.*

Fort bien, fort bien.

Tome V. S

M. DE LA TRESSE.

Tu feras content : mais buvons donc. Garçon ?

Le GARÇON.

Allons, allons. Qu'eft-ce qu'il y a pour ces Meffieurs ?

M. DE LA TRESSE.

Donnez-nous chopine.

M. PIQUEPOINT.

Et une falade.

M. DE LA TRESSE.

C'eft bien dit.

Le GARÇON.

Vous allez en avoir une.

Mad. MINUIT.

Et nous donc, Garçon ?

Le GARÇON.

Tout à ce moment, Madame Minuit.

M. DE LA TRESSE.

Quoi, cette Dame, qui fait tant la fiere, s'appelle Madame Minuit ?

M. PIQUEPOINT.

Oui, oui ; paix donc.

Mad. MINUIT.

Pourquoi donc qu'il parle de moi, cet autre ?

M. DE LA TRESSE.

Ah, je ne suis pas étonné si elle a besoin d'un bout de chandelle quand elle parle ; c'est pour voir clair à ce qu'elle dit, apparemment.

Mad. MINUIT.

Oui, peste de manant.

M. DE LA TRESSE.

Madame Minuit de la douceur.

M. PIQUEPOINT.

Tais-toi donc.

M. DE LA TRESSE.

C'est vous qui demeurez dans la rue du Bout-du-Monde ; il ne faut pas vous fâcher, pour cela : savez-vous bien que j'ai pensé être votre gendre ; & quoiqu'on dise, la nuit tous chats sont gris, c'est vot' nom qui m'en a empêché ; mais je ne connoissois pas cette belle enfant-là.

Mad. MINUIT.

Allons, Monsieur, passez votre chemin, & laissez-nous en repos.

M, DE LA TRESSE.

Madame Minuit, chacun eſt ici pour ſon écot, & avec de l'argent le vin n'eſt pas cher.

M. PIQUEPOINT.

Si tu veux chercher querelle, comme cela à tout le monde, je m'en vais te laiſſer là.

M. DE LA TRESSE.

Ah, tu prends le parti du beau ſexe; c'eſt bien fait à toi.

M. PIQUEPOINT.

Allons, ne dis plus rien.

M. DE LA TRESSE.

Tu ne m'empêcheras pas de regarder Mam-ſelle Minuit, apparemment.

M. PIQUEPOINT.

Tiens-toi tranquille toujours.

Mad. MINUIT, *à M. Battu.*

J'ai bien envie de frotter les oreilles à ce garnement-là.

Mlle. GOTON.

Ah! ma chere mere, ne prenez pas garde à lui.

M. BATTU.

Oui, oui, Madame Minuit, montrez-vous la plus raiſonnable.

M. DE LA TRESSE.

Ah , voilà du vin ; & cette falade ?

Le GARÇON.

Vous allez l'avoir.

M. DE LA TRESSE.

Allons , buvons à la fanté de Madame Minuit. Madame Minuit , fans rancune , vous
voulez bien qu'on boive à vos plaifirs ?

Mad. MINUIT.

Allons, allons; c'eft celui de ne jamais vous
voir.

M. DE LA TRESSE.

Ah , voyez donc comme elle fait la petite
bouche ! ce n'eft pas là la politeffe de votre
quartier, Madame Minuit.

M. BATTU.

Où voulez-vous donc aller ?

Mlle. GOTON.

Ma chere mere, reftez donc là.

Mad. MINUIT, *en colere, fe levant.*

C'eft que....

M. BATTU.

Affoyez-vous , affoyez-vous.

S iij

Mad. MINUIT.

Qu'il ne me dife donc plus rien, ou je...

M. BATTU.

Ne l'écoutez pas.

M. DE LA TRESSE, *bas à Piquepoint.*

Il faudra nous battre, n'eft-ce pas?

M. PIQUEPOINT.

Oui, oui, mais pas encore.

M. DE LA TRESSE, *bas.*

Je veux toujours l'agacer.

M. PIQUEPOINT.

Foit bien.

M. DE LA TRESSE.

Parlez donc un peu, Madame Minuit.

Mlle. GOTON.

Allons, Monfieur, on ne vous dit rien, ne nous parlez pas.

M. DE LA TRESSE.

Ah, mon Dieu, Mamefelle, eft-ce que vous êtes auffi revêche que Madame votre mere?

M. PIQUEPOINT.

Veux-tu bien te taire. Mefdames, je vous demande bien pardon pour lui.

Mad. MINUIT.

Ah, Monfieur, ce n'eft pas votre faute, & l'on fait diftinguer les perfonnes qui ont des manieres honnêtes.

M. DE LA TRESSE.

Oui, oui, ne vous y fiez pas, Madame Minuit; c'eft un gaillard qui eft retord, il amadoue la poule pour avoir les pouffins, je me fouviens de ce qu'on m'a dit.

Mad. MINUIT.

Je ne veux pas le favoir; il eft honnête, & plus que vous, afin que vous le fachiez.

M. PIQUEPOINT.

Madame, vous avez bien de la bonté.

M. DE LA TRESSE.

Voilà pourquoi il m'a amené ici; c'eft pour lui tenir compagnie, pendant qu'il regardera Mamefelle Minuit.

M. PIQUEPOINT.

Madame, ne croyez pas ce qu'il dit.

Mad. MINUIT.

Et Monfieur, quand cela feroit, où eft le mal, quand c'eft en tout bien & tout honneur?

M. BATTU.

Oui, Madame Minuit a raifon.

Mlle. GOTON.

Ma chere mere, je n'en favois rien, en vérité.

Mad. MINUIT.

Allons, taifez-vous, quand je parle.

M. DE LA TRESSE.

J'ai été bien nigaud de donner dans cet amour-là : oh, je vois bien que tu feras le gendre de Madame Minuit, tu me couperas l'herbe fous le pied.

Mad. MINUIT.

Ah, elle n'étoit pas encore venue; fi tu ne manges pas d'autre fruit, tu as bien l'air de mourir de faim.

M. DE LA TRESSE.

Parlez donc, Madame Minuit, eft-ce que vous me prenez pour un âne?

Mad. MINUIT.

Je ne nomme perfonne, Monfieur.

M. DE LA TRESSE.

Qu'eft-ce que c'eft donc que ces manieres là?

M. PIQUEPOINT.

Allons, Madame Minuit fait bien ce qu'elle dit, ne parle pas davantage.

M. DE LA TRESSE.

Mais fi je veux parler moi ?

Mlle. GOTON.

Il eft bien honnête ce Monfieur-là ; ma chere mere.

Mad. MINUIT.

Oui, mais l'autre.

M. BATTU.

Allons, buvez, Madame Minuit.

Mad. MINUIT, *à Piquepoint.*

Monfieur, c'eft à votre fanté, tout feul.

M. PIQUEPOINT.

Madame, c'eft bien de l'honneur pour moi.

M. DE LA TRESSE.

Ah, pardi Madame Minuit, fi vous croyez faire des jaloux, ce n'eft pas encore votre tour.

M. PIQUEPOINT.

Mais pourquoi attaque-tu comme cela le monde ?

M. DE LA TRESSE.

Parce que cela me plaît apparemment. Ah, voilà notre falade.

Le GARÇON.

Non Monsieur, on l'épluche, je m'en vais vous l'apporter.

M. DE LA TRESSE.

Je veux avoir celle-là, & je l'aurai.

Mad. MINUIT.

Tu ne l'auras pas, puisqu'elle est à moi.

M. DE LA TRESSE.

Madame Minuit, rendez-moi la de bonne grace, où.....

Mad. MINUIT.

Qu'est-que tu feras?

M. PIQUEPOINT.

Je crois que tu menaces Madame Minuit?

M. DE LA TRESSE.

Tout comme une autre.

M. PIQUEPOINT.

Finis un peu ces manieres-là.

M. DE LA TRESSE.

Qu'est-ce que tu veux donc dire toi?

M. PIQUEPOINT.

Que je t'apprendrai à respecter le sexe.

M. DE LA TRESSE.

Toi?

M. PIQUEPOINT.

Oui, moi ; veux-tu voir ?

M. BATTU.

Allons Messieurs, la paix, la paix.

M. DE LA TRESSE.

Eh-bien, de quoi donc il se mêle, celui-là ?

M. PIQUEPOINT.

Tais-toi, & demande pardon à Madame Minuit.

M. DE LA TRESSE.

Moi ? J'aimerois mieux que cinq cens Diables me tordent le cou, vois-tu ? demander pardon à cette guenon là.

Mad. MINUIT.

Mais voyez donc un peu cet insolent.

M. DE LA TRESSE.

Tu es mon ami & tu me conseilles cela ?

M. PIQUEPOINT.

Oui, & je te le ferai faire encore.

M. DE LA TRESSE.

Je t'en défie.

M. PIQUEPOINT.

Nous verrons.

M. DE LA TRESSE, *se levant.*

Eh-bien, sors; nous allons voir.

M. PIQUEPOINT.

Oui, oui, je sortirai, attends, attends-moi.

M. DE LA TRESSE.

Je t'attends au coin de la rue. (*Il s'en va*).

M. BATTU, *retenant Piquepoint.*

Eh Monsieur, montrez-vous le plus raisonnable.

SCENE VI.

Mad. MINUIT, Mlle. GOTON, M. BATTU, M. PIQUEPOINT.

M. PIQUEPOINT, *en colere.*

Non, non, je veux lui apprendre à parler, pour que cela ne lui arrive plus.

Mad. MINUIT.

Mais Monsieur, un petit moment de patience; c'est bien honnête à vous, de vouloir vous battre comme cela, pour une femme que vous ne connoissez pas.

Mlle. GOTON.

Ah, pour cela oui ma chere mere !

M. PIQUEPOINT.

Je ne vous connois pas Madame ? on connoît toujours les honnêtes gens. Laiffez-moi aller.

Mad. MINUIT.

Monfieur Battu, retenez-le.

M. BATTU.

Allons, Monfieur Piquepoint, écoutez-moi, vous allez vous faire des affaires, la garde viendra, on vous menéra au Châtelet, & vous ferez bien avancé.

M. PIQUEPOINT.

Monfieur, cela ne me fait rien, Madame eft une brave femme, qui eft infultée par un homme avec qui je fuis.....

Mad. MINUIT.

Mais Monfieur, qu'eft-ce que cela fait ? c'eft paffé, n'y fongez plus.

M. PIQUEPOINT.

Cela ne fe peut pas, Madame.

Mad. MINUIT.

· Je vous en prie pour l'amour de moi.

M. PIQUEPOINT.

Allons, puifque vous le voulez j'y confens;

mais je le retrouverai. Madame & Monſieur je ſuis bien votre ſerviteur.

M. BATTU.

Où voulez-vous aller ?

Mad. MINUIT.

Vous ne vous en irez qu'avec nous déja ; allons, mettez-vous-là.

M. PIQUEPOINT.

Madame, vous avez bien de la bonté.

Mlle. GOTON.

Oui, Monſieur, je m'en vais vous faire une place à côté de ma chere mere.

M. PIQUEPOINT.

Mais Mademoiſelle, je ne prendrai pas votre place.

Mad. MINUIT.

Monſieur Battu, lui donnera la ſienne.

M. BATTU.

Oui, oui, paſſez là, Mademoiſelle, je me mettrai ici.

Mlle. GOTON.

Mais, c'eſt que.....

Mad. MINUIT.

Allons, faites ce que Monſieur Battu vous dit.

Mlle. GOTON.
M'y voilà, ma chere mere.

M. BATTU.
Madame Minuit ; c'eſt un brave garçon que Monſieur Piquepoint.

Mad. MINUIT.
Eh mais, écoutez donc, vous n'avez pas be-ſoin de le dire, on le voit bien.

M. BATTU.
Et un habile homme encore.

Mad. MINUIT.
Et de quelle vacation êtes-vous, Monſieur ?

M. PIQUEPOINT.
Je ſuis Tailleur, Madame, & apprentif de Paris.

M. BATTU.
C'eſt quelque choſe. Il ne me reconnoit pas ; c'eſt pourtant lui qui m'a retourné cet habit-là.

M. PIQUEPOINT.
Mais ? cela ſe peut bien.

M. BATTU.
Il y a deux ans.

M. PIQUEPOINT.
Ah ! c'eſt que depuis ce tems-là, j'ai fait mon tour de France, & on voit tant de choſes, que cela fait perdre la mémoire.

Mad. MINUIT.

Oui, mais les voyages donnent bien de l'esprit.

M. PIQUEPOINT.

Ah, Madame, cela feroit bon, si j'avois été à votre école.

Mad. MINUIT.

Vous n'en avez pas besoin. Vous êtes donc de Paris ?

M. PIQUEPOINT.

Oui, Madame, de la Paroisse Saint-Laurent, il y a plus de vingt ans.

Mad. MINUIT.

Eh mais, nous sommes de la même Paroisse ; c'est heureux cela ! As-tu jamais vu Monsieur dans notre quartier, toi, Goton ?

Mlle. GOTON.

Oui, ma mere, bien des fois.

Mad. MINUIT.

Monsieur Battu, écoutez donc, si ce que nous disions ce matin pouvoit se faire, Madame Padoue auroit un pied de nés avec son fils, qu'elle m'a fait dire qui étoit un bon sujet.

M. BATTU.

Oui, oui, mais.....

Mad.

Mad. MINUIT.

Mais, mais.... ce que je dis eſt vrai apparemment ; c'eſt que cette femme - là a une langue
d'aſpic.

M. PIQUEPOINT.

Eſt- ce que vous ne l'aimez pas ?

Mad. MINUIT.

Ah , pour cela non ; c'eſt une méchante bête ?

M. PIQUEPOINT.

Madame.....

Mad. MINUIT.

Eſt-ce qu'elle n'a pas voulu faire accroire au
pauvre défunt , que Goton n'étoit pas ſa fille ;
mais il ne faut pas parler de cela devant les enfans, je ne dis rien.

M. PIQUEPOINT.

Il ne faut pas croire les rapports.

Mad. MINUIT.

Eh pardi , puiſqu'elle l'a dit devant moi , il
n'y a pas de rapport à cela , & elle veut que
ſon fils épouſe ma fille.

M. BATTU.

Cela pourra ſe faire Madame Minuit.

Tome V.   T

Mad. MINUIT.

J'aimerois mieux la noyer tout-à-l'heure avec une pierre au cou, voyez-vous, plutôt que d'y consentir; ce n'est pas qu'elle n'ait été de mes amies, Madame Padoue, puisque ma fille a été en couture chez elle.

M. BATTU.

Ne vous emportez pas, & finissons cette affaire-là ; si Mademoiselle Goton veut bien de Monsieur, il n'y a pas à aller par quatre chemins.

Mad. MINUIT.

Qu'elle le veuille ou non ; cela ne fait rien, je suis sa mere en un mot, on ne peut pas dire le contraire, comme cette vilaine Madame Padoue, disoit de son pere.

M. BATTU.

Sans doute, sans doute; ce n'est pas là le cas.

Mad. MINUIT.

Eh-bien, cela sera fini tout de suite. Allons Goton, vous entendez?

Mlle. GOTON.

Oui ma chere mere ; mais.....

Mad. M I N U I T.

Oh, point de mais, fi Monfieur..... comment vous appellez-vous ?

M. P I Q U E P O I N T.

Piquepoint, Madame , à vous obéir.

Mad. M I N U I T.

Je dis donc, fi Monfieur Piquepoint, le veut bien.....

M. P I Q U E P O I N T.

Madame c'eft bien de l'honneur, & je ne demande pas mieux ; mais.....

Mad. M I N U I T.

Quoi auffi des mais ! favez vous, Monfieur, que je n'aime pas à être contrariée ?

M. B A T T U.

Allons Monfieur, dites vos raifons à Madame Minuit.

M. P I Q U E P O I N T.

C'eft que je crains que Madame ne change d'avis quand elle faura qui je fuis.

Mad. M I N U I T.

Eh pourquoi cela? eft-ce que vous avez eu quelques pendus dans votre famille ?

M. PIQUEPOINT.

Non, Madame.

Mad. MINUIT.

Vous me prenez donc pour une girouette.

M. PIQUEPOINT.

Je ne dis pas cela ; mais c'eſt que j'ai une mere.

Mad. MINUIT.

Eſt-ce que je ne ſuis pas une mere auſſi moi ? vous en aurez deux, & qui plus eſt, c'eſt qu'il ne vous en coûtera rien, pour l'accouchement de votre femme.

M. BATTU.

C'eſt bien quelque choſe cela, Monſieur Piquepoint.

M. PIQUEPOINT.

Sûrement ; mais elle n'eſt pas encore groſſe.

Mlle. GOTON.

Comment Monſieur, eſt-ce que vous ne voudriez plus de moi, à préſent ; cela ſeroit joli à vous.

M. PIQUEPOINT.

Ah mon dieu Mademoiſelle, au contraire, je ne dis pas cela.

Mad. MINUIT.

Parlez donc ?

M. PIQUEPOINT.

C'eſt que ma mere m'a voulu marier à un quelqu'un qui n'a pas voulu de moi , & elle en a été ſi piquée, qu'elle veut à cette heure que j'en épouſe une autre.

Mad. MINUIT.

Oh , nous lui ferons entendre raiſon.

M. PIQUEPOINT.

Oui ; mais quand vous ſaurez qui elle eſt, vous ne voudrez ſûrement plus de moi.

Mad. MINUIT.

Quand je vous dis, en un mot comme en cent , que je vous donne ma parole; apparemment que je ſuis une honnête-femme. Qu'eſt-ce qu'elle eſt , votre mere ?

M. PIQUEPOINT.

Elle eſt Couturiere.

Mad. MINUIT.

Eh bien , ma fille eſt Couturiere auſſi. Et pourquoi ne voudroit-elle pas que vous l'épouſiez ? Madame vaut bien Monſieur, & Monſieur vaut bien Madame.

T iij

M. PIQUEPOINT.

C'eſt que vous ne ſavez pas mon vrai nom ;
parce que j'en ai changé, pour faire mon tour
de France.

Mad. MINUIT.

C'eſt bien fait : mais comment vous appellez-vous ?

M. PIQUEPOINT.

Je ſuis le fils de Madame Padoue.

Mad. MINUIT.

De Madame Padoue ? Ah ! celui-là eſt bon :
mais je vous reconnois à préſent. Et vous dites
qu'elle veut vous marier à une autre. Laiſſez-
moi faire, je lui parlerai encore une fois.

M. PIQUEPOINT.

C'eſt qu'elle eſt bien entêtée.

Mad. MINUIT.

Ah, je le ſuis plus qu'elle.

M. BATTU.

Mais, Madame Minuit, il faudroit employer
la douceur.

Mad. MINUIT.

La douceur ? Si elle refuſoit ma fille ; elle
qui lui a montré ſon métier. Ah, je n'aime
pas l'ingratitude : je m'en vais la trouver ;
allons, allons-nous-en.

M. PIQUEPOINT, *se levant de table.*

Je crois qu'il faut que je la prévienne.

M. BATTU.

Oui, il a raison. (*bas à Piquepoint.*) C'eft-il vrai qu'elle ne voudra pas?

M. PIQUEPOINT, *bas à M. Battu.*

Oh que fi, elle fait toute notre manigance.

Mad. MINUIT.

Qu'eft-ce qu'il dit, Monfieur Battu?

M. BATTU.

Qu'il faut que nous allions tous chez fa mere.

Mad. MINUIT.

Eh, vraiment; c'eft bien comme cela que je le compte. Allons, partons.

M. BATTU.

Il faut payer. Garçon?

M. PIQUEPOINT.

Monfieur, cela me regarde.

Mad. MINUIT.

Allons, mon gendre, chacun fon écot, payez pour vous, Monfieur Battu payera pour nous.

M. BATTU.

Eh bien, nous payerons à la maîtreffe.

Mad. MINUIT.

Allons, donnez le bras à ma fille; je m'en vais prendre celui de Monfieur Battu. (*Ils partent les premiers.*)

M. PIQUEPOINT.

Vous voyez bien que nous en fommes venus à bout.

Mlle. GOTON.

Ah, j'ai eu bien peur toujours!

Fin du foixante-neuvieme Proverbe.

L'AMATEUR

D U

TRAGIQUE.

SOIXANTE-DIXIEME PROVERBE.

PERSONNAGES.

M. TENDREVILLE, *oncle de Mlle. De Rinant. Habit brun à boutons d'or, veſte d'or, cravate, grande perruque brune, canne & chapeau.*

Mlle. DE RINANT. *Robe bleue, petit bonnet.*

M. DE LA CHAINIERE. *Habit de petit velours, veſte d'argent, chapeau uni & épée.*

M. DU RIVAULT. *Habit rouge, perruque à nœuds, canne & épee.*

SAINT-JEAN, *Laquais. Habit gris, boutons d'or.*

La Scène eſt chez M. Tendreville.

L'AMATEUR

D U

TRAGIQUE.

PROVERBE.

SCENE PREMIERE.

Mlle. DE RINANT, *travaillant à la tapisserie,*
M. DE LA CHAINIERE.

M. DE LA CHAINIERE.

JE viens de voir sortir Monsieur votre oncle,
Mademoiselle ; il y avoit long-tems que j'attendois ce moment-là.

Mlle. DE RINANT.

J'avois sûrement la même impatience que
vous.

M. DE LA CHAINIERE.

Ne me flattez-vous pas ?

Mlle. DE RINANT.

Pourquoi vous flatterois je ? Mais que dis-je?
à quoi vous servira-t-il d'être aimé ?

M. DE LA CHAINIERE.

A faire mon bonheur.

Mlle. DE RINANT.

Et si mon oncle ne veut pas consentir à nous
marier ensemble ?

M. DE LA CHAINIERE.

Comment ! auroit-il quelque projet contraire
à notre amour ?

Mlle. DE RINANT.

Je n'en sais rien ; tout ce que je sais, c'est
qu'il ne veut pas me marier.

M. DE LA CHAINIERE.

Lui en avez-vous parlé ?

Mlle. DE RINANT.

Je l'ai tenté ; j'ai loué devant lui le bonheur
d'une de mes amies que sa mere marioit.

M. DE LA CHAINIERE.

Eh bien ?

Mlle. DE RINANT.

Il a haussé les épaules, en disant qu'une

fille étoit toujours plus heureuse qu'une femme mariée.

M. DE LA CHAINIERE.

Il est vrai que ce sont-là les propos des parens qui ne veulent pas marier leurs enfans.

Mlle. DE RINANT.

Mais, mon oncle, ai-je ajouté, quand on épouse quelqu'un que l'on aime, & dont on est bien aimée ? Ce n'est pas encore là un bonheur, m'a-t-il répondu; car après le mariage on ne s'aime plus. Cela m'a affligée à penser, & je ne l'ai pas pressé davantage.

M. DE LA CHAINIERE.

Quoi, vous croiriez que je pourrois jamais cesser de vous aimer ?

Mlle. DE RINANT.

Mais si cela arrive toujours ?

M. DE LA CHAINIERE.

Ah, bannissez cette crainte : ce n'est pas avec un véritable amour, un amour comme le mien qu'on peut changer. Souvent on se marie sans se connoître à présent, & le cœur n'a point de part à ces unions. Il y a des femmes qui n'ont même connu l'amour, que trois ou quatre ans après avoir été mariées. Est-il étonnant que dans ces mariages on ne goûte pas plus de douceurs ? Nuls soins, nuls égards ; on ne s'est jamais desiré ; on finit par s'éviter. Mais nous ! pourriez - vous croire....

Mlle. DE RINANT.

Pensez-vous que je ne me sois pas dit tout ce que vous pourriez me dire ? Cela n'a pas empêché que la crainte ne m'ait arrêté, & je n'ai pas voulu m'exposer à voir détruire mon bonheur.

M. DE LA CHAINIERE.

Et vous vous exposez à être forcée de m'abandonner, pour en épouser un autre ! .

Mlle. DE RINANT.

Que dites-vous ? je ne consentirois jamais.,.

M. DE LA CHAINIERE.

N'attendons pas qu'un obstacle de plus, s'oppose à notre mariage.

Mlle. De RINANT.

Comment faire ?

M. DE LA CHAINIERE.

Votre oncle me connoit, il sait quel est mon bien, qui pourroit le retenir ?

Mlle. De RINANT.

S'il a d'autres projets ?

M. DE LA CHAINIERE.

C'eft ce qu'il faut favoir. Monfieur Du Rivault, n'eft-il pas de fes amis.

Mlle. DE RINANT.

Mais je crois que oui.

M. DE LA CHAINIERE.

Il faudroit le mettre dans nos intérêts, un
tiers parle fouvent mieux que les parties inté-
reffées.

Mlle. DE RINANT.

Voulez-vous que je l'envoie prier de venir
ici ?

M. DE LA CHAINIERE.

Y vient-il fouvent ?

Mlle. De RINANT.

Oui, & je ne ferois pas étonnée.....

SCENE II.

Mlle. DE RINANT, M. DU RIVAULT,
M. DE LA CHAINIERE, SAINT-JEAN.

SAINT-JEAN.

Monsieur Du Rivault.

M. DE LA CHAINIERE.

Ah, nous sommes trop heureux !

M. DU RIVAULT.

On m'a dit, Mademoiselle, que Monsieur de Tendreville n'étoit pas ici ; mais comme ce qui m'amene vous regarde personnellement, je n'ai pas été fâché de vous en parler avant de lui en rien dire.

Mlle. DE RINANT.

Est-ce quelque chose de pressé, Monsieur ?

M. DU RIVAULT.

Mais oui.

Mlle. DE RINANT.

C'est que nous aurions quelque chose à vous dire, qui ne l'est pas moins.

M.

M. DU RIVAULT.

Oh, mais j'aurai bientôt fait, je peux même le dire devant Monfieur de la Chainiere; c'eft un mariage pour vous très-convenable, un parti fort riche, un très-joli fujet, qui....

Mlle. DE RINANT.

Ah, Monfieur, vous n'en avez point parlé à mon oncle ?

M. DU RIVAULT.

Non; mais fi vous voulez cela fera bientôt fait, j'aime à expédier une affaire en peu de tems, & je fais à peu près où le trouver. (*Il fe leve*). Je vais......

Mlle DE RINANT.

Eh, non, Monfieur, je vous en prie.

M. DU RIVAULT.

Comment ! je croyois vous faire le plus grand plaifir, & j'étois charmé d'en faifir l'occafion.

Mlle. DE RINANT.

Nous vous en fournirons une bien plus fûre, affeyez-vous, je vous prie.

Tom. V.   V

M. DU RIVAULT.

Allons, tant mieux, que faut-il faire ?

M. DE LA CHAINIERE.

Monſieur, j'aime, Mademoiſelle.......

M. DU RIVAULT.

Ah, ah, j'entends ; pardi j'allois faire de belle beſogne ! Eh-bien, vous voudriez l'épouſer ; c'eſt tout ſimple : je vois qu'elle n'en ſeroit pas fâchée, & que vous allez me charger de cette négociation-là auprès de l'oncle.

Mlle. DE RINANT.

C'eſt cela même, Monſieur.

M. DU RIVAULT.

Voyez ſi je n'étois pas venu ici, ce qui auroit pu arriver ; parbleu, je m'en ſai bien bongré.

M. DE LA CHAINIERE.

Croyez - vous, Monſieur, que Monſieur de Tendreville puiſſe m'accorder Mademoiſelle ?

M. DU RIVAULT.

Je n'en ſai rien, il faudra voir ; je n'étois pas bien ſûr que le parti que j'avois à lui propoſer pût lui convenir ; c'eſt pourtant quelqu'un d'une fortune immenſe , & quelquefois cela fait ouvrir les yeux.

M. DE LA CHAINIERE.

La mienne eſt honnête.

M. DU RIVAULT.

Sans doute, auſſi ce n'eſt pas-là ce qui pourra l'arrêter, & je penſe..... c'eſt un homme un peu extraordinaire, que Monſieur de Tendreville, le connoiſſez-vous ?

M. DE LA CHAINIERE.

Un peu, j'ai cet honneur là.

M. DU RIVAULT.

Oui, mais je dis, ſon caractere ? premierement il n'en a point ; c'eſt le moment qui le décide.

M. DE LA CHAINIERE.

Si nous pouvions en trouver un bon.

M. DU RIVAULT.

C'eſt à quoi je rêve.

Mlle. DE RINANT.

Il y a des inſtants où il eſt fort tendre.

M. DU RIVAULT.

Tendre, fi vous voulez...... Quelquefois.......
oui Mademoifelle, vous avez raifon, cela eft
vrai.

M. DE LA CHAINIERE.

Il faudroit trouver un de ces momens - là,
par exemple.

M. DU RIVAULT.

Attendez, vous favez fans doute fon goût
extrême pour la Tragédie ? Tout ce qui eft tra-
gique l'enchante, l'empoulé le tranfporte, l'attendrit ; plus le ton, que la chofe.

M. DE LA CHAINIERE.

Il y a quelques gens comme cela.

M. DU RIVAULT.

Pourriez-vous faire une Tragédie?

M. DE LA CHAINIERE.

Moi?

M. DU RIVAULT.

Oui, pourquoi pas ?

M. DE LA CHAINIERE.

Parce que je n'ai jamais fait de vers, depuis
le College.

M. DU RIVAULT.

Tant pis. Mais vous en favez ?

M. DE LA CHAINIERE.

Pas un , je n'ai pas de mémoire.

M. DU RIVAULT.

Il faudra en apprendre.

M. DE LA CHAINIERE.

Pourquoi faire ?

M. DU RIVAULT.

J'ai mes raifons.

M. DE LA CHAINIERE.

Mais encore ?

M. DU RIVAULT.

Ce qui eft plus néceffaire que tout , c'eft de les favoir débiter , de les crier , de les faire ronfler ; n'importe le fujet , le ton fera tout.

M. DE LA CHAINIERE.

Cela n'eft pas fort difficile.

M. DU RIVAULT.

Apprenez-en donc , je vous dirai après cela, ce qu'il faudra faire.

Mlle. DE RINANT.

Mais, Monfieur, de quoi voulez-vous que Monfieur de la Chainiere s'occupe-là, pendant qu'une affaire effentielle.....

M. DU RIVAULT.

Je fai ce que je fais, Mademoifelle.

Mlle. DE RINANT.

Ah, voilà mon oncle, nous ne pourrons plus parler des mefures qu'il faut prendre, pour réuffir à le faire confentir à notre mariage.

M. DU RIVAULT.

Ne vous embarraffez-pas, & laiffez-moi faire.

SCENE III.

M. DE TENDREVILLE,
Mlle. DU RINANT , M. DU RIVAULT,
M. DE LA CHAINIERE.

M. DE TENDREVILLE.

AH, vous voilà ici , Monſieur du Rivault ,
j'allois chez vous. On m'a dit chez Madame de
l'Iſle, que vous me cherchiez.

M. DU RIVAULT.

Moi ?

M. DE TENDREVILLE.

Oui , vous; que vous aviez quelque choſe à
me dire , qui me feroit grand plaiſir.

M. DU RIVAULT.

C'eſt un conte de Madame de l'Iſle ; vous
ſavez comme elle eſt, elle dit ce qu'elle ſait ,
& ce qu'elle ne ſait pas.

M. DE TENDREVILLE.

Allons, mon ami , pourquoi me faire lan-
guir ?

M. DU RIVAULT.

Je vous dis que ce n'eſt rien.

M. DE TENDREVILLE.

Il me ſemble qu'elle m'a dit qu'il étoit queſtion de quelqu'un de fort riche, qui.....

M. DE LA CHAINIERE, *à M. du Rivault.*

Ah , Monſieur !.....

M. DU RIVAULT.

Non , pas fort riche ; mais aſſez. (*à M. de la
Chainiere*). Il faut que vous me ſecondiez.

M. DE TENDREVILLE.

Eh bien , ce quelqu'un d'aſſez riche ?

M. DU RIVAULT.

Seroit bien-aiſe d'être un peu de vos amis.

M. DE TENDREVILLE.

Mais encore , qui eſt-ce ?

M. DU RIVAULT.

Puiſque vous voulez abſolument le ſavoir ,
c'eſt Monſieur de la Chainiere.

M. DE TENDREVILLE.

Il me fait bien de l'honneur, & j'ai fort connu Monsieur son pere.

M. DE LA CHAINIERE.

Monsieur, je serois très-flatté.....

M. DE TENDREVILLE.

Est-ce qu'il est mort fort riche, le bon-homme la Chainiere ?

M. DE LA CHAINIERE.

Non, Monsieur ; mais il m'a laissé une fortune honnête.

M. DE TENDREVILLE.

Oui, oui ; il avoit de quoi vivre. Mais Monsieur qui vous fait désirer si fort mon amitié ?

M. DE LA CHAINIERE.

Monsieur.......

M. DU RIVAULT.

Il n'osera jamais vous le dire.

M. DE TENDREVILLE.

Pourquoi ?

M. DU RIVAULT.

Allons , parlez hardiment.

M. DE LA CHAINIERE.

Monfieur du Rivault , Monfieur , vous expliquera mieux que moi ce qui me l'a fait defirer.

M. DE TENDREVILLE.

Eh bien , parlez donc vous , Monfieur du Rivault ?

M. DU RIVAULT.

Ne vous fâchez pas. Monfieur de la Chainiere fait combien vous aimez les vers tragiques.

M. DE TENDREVILLE.

Ah cela eft vrai , cela ; les aime-t'il , lui ?

M. DU RIVAULT.

S'il les aime ? Il a fait une Tragédie , & c'èft fur cela qu'il voudroit vous confulter ; mais il veut que vous lui parliez en ami.

M. DE LA CHAINIERE, *bas à M. du Rivault.*

Mais , Monfieur . . .

M. DU RIVAULT, *bas.*

Ne me démentez-pas (*A M. de Tendreville*). Eh bien , le voulez-vous ?

M. DE TENDREVILLE.

Ah , pour cela, de tout mon cœur.

M. DU RIVAULT.

Vous vous y connoiſſez très-bien.

M. DE TENDREVILLE.

Mais, pas mal. Monſieur, ſi vous voulez me lire votre Tragédie , vous me ferez le plus grand plaiſir du monde.

M. DE LA CHAINIERE.

De tout mon cœur , & je venois vous de-mander un jour pour cela.

M. DE TENDREVILLE.

Un jour ? mais tout à l'heure ; pourquoi re-tarder ?

M. DU RIVAULT.

Oui, ſans doute.

Mlle. DE RINANT , *à M. du Rivault.*

Vous allez l'embarraſſer.

M. DU RIVAULT.

Non , non (*à M. de la Chainiere.*) Allons,
Monsieur , nous allons vous écouter.

M. DE LA CHAINIERE.

Je ne l'ai pas ici.

M. DE TENDREVILLE.

Eh bien , nous allons l'envoyer chercher ; il
n'y a qu'à sonner.

M. DE LA CHAINIERE.

Cela ne se peut pas. Elle n'est pas chez moi.
Je l'ai prêtée à une Dame qui est allée à Ver-
failles ; mais qui reviendra sûrement demain.

M. DE TENDREVILLE.

. Ce retard m'afflige réellement ; mais je ne
savois pas que vous eussiez ce talent là.

M. DU RIVAULT.

Il s'en cachoit , & c'est moi qui l'ai détermi-
né à vous consulter.

M. DE TENDREVILLE.

Je vous en ai la plus grande obligation. Mais,

Monſieur, ne pourriez-vous pas vous en rap-
peller quelque choſe ?

M. DU RIVAULT.

Oui, ce que vous me diſiez ce matin, par
exemple.

M. DE TENDREVILLE.

Ah oui, vous ne pouvez pas reculer.

M. DE LA CHAINIERE.

Monſieur du Rivault plaiſante, Monſieur;
je n'ai pas de mémoire.

M. DE TENDREVILLE.

On ſe ſouvient toujours de ce que l'on a
fait.

M. DU RIVAULT.

C'eſt timidité; allons, allons, ne vous faites
pas prier davantage. *Bas.* Dites ce que vous
voudrez.

M. DE TENDREVILLE.

Ecoutez-vous ma niéce ?

Mlle. DE RINANT.

Sûrement, mon oncle.

M. DU RIVAULT.

Songez à nous déclamer ce morceau-là

M. DE TENDREVILLE.

Oh, oui ; je suis fou de la déclamation.

M. DU RIVAULT.

Allons donc.

M. DE LA CHAINIERE, *fort embarraffé, se lève & rêve.*

Puifque vous le voulez . . .

M. DU RIVAULT.

Sans doute.

M. DE TENDREVILLE.

Je trouve qu'il a déjà l'air pénétré de ce qu'il va dire. Il n'y a que les Auteurs pour bien réciter les vers.

M. DU RIVAULT.

Ecoutons, écoutons.

M. DE LA CHAINIERE, *déclamant.*

Trifte & fombre defert, folitude éternelle,
Soyez le confident de ma peine cruelle.

M. DE TENDREVILLE, *admirant.*

Fort bien ; cela est très-beau !

M. DU RIVAULT.

Je vous le disois bien.

M. DE LA CHAINIERE.

Un cœur trop infléxible , un sort trop rigoureux ,
Tout s'oppose au destin qui peut combler mes vœux !

M. DE TENDREVILLE, *pleurant.*
Il m'attendrit.

M. DU RIVAULT.
Vous verrez le reste.

M. DE LA CHAINIERE.

Sors du fatal séjour chere ombre que j'adore ,
Et les feux de l'enfer seront pour moi l'aurore.

M. DE TENDREVILLE.

Beau , beau, beau !

M. DE LA CHAINIERE.
Mais quel Démon la suit ? c'est l'Amour malheureux,
Attaché sans relâche à notre sort affreux !

M. DE TENDREVILLE.
Cela est déchirant.

M. DE LA CHAINIERE.

Me pardonnerez-vous trop aimable Princeſſe,
Me pardonnerez-vous ma fatale tendreſſe ?
Ce ſont vos ſeuls attraits qui cauſent tant de maux ,
Un ſeul de vos regards produit mille rivaux.

M. DE TENDREVILLE.

Divin , divin !

M. DE LA CHAINIERE.

Mais peut-on reprocher une flâme ſi tendre !
Dans cet inſtant ſi doux , daignez encor m'entendre.....
Ou bien........

M. DE TENDREVILLE, *pleurant.*

Ah , je n'en puis plus !

M. DU RIVAULT.

N'interrompez-donc pas.

M. DE LA CHAINIERE.

Vous me fuyez !....

M. DE TENDREVILLE, *pleurant.*

Ah que cela eſt beau !

M. DE LA CHAINIERE.

Que vois-je ? Ah quel malheur !
Un rival trop heureux !.... l'enfer eſt dans mon cœur !

M. DE TENDREVILLE, *pleurant.*

Ah ! il déchire le mien.

M.

M. DE LA CHAINIERE.

Mort, viens à mon fecours *! Il fait femblant de ti-*
rer un poignard.

M. DE TENDREVILLE, *pleurant.*

Il me fait trembler.

M. DE LA CHAINIERE.

De ces jours que j'abhorre ;
Tranchons le cours affreux. *Il fe frappe & tombe dans*
un fauteuil.

M. DE TENDREVILLE, *pleurant.*

Cela eft trop touchant !

M. DU RIVAULT.

Laiffez-le donc finir.

M. DE LA CHAINIERE.

Comment je vis encore ?....
O vous, triftes témoins de mes cruels malheurs,
Ne m'oubliez jamais, fongez toujours.... je meurs.

M. DE TENDREVILLE, *fanglottant.*

Il eft mort !... Ah, ah, ah, je n'ai jamais
rien vu de fi beau !

Tom. V. X

M. DU RIVAULT.

Je vous l'avois bien dit.

M. DE TENDREVILLE.

Ah, Monſieur, comment.... Eſt-il poſſible
que vous ayez fait cela ?

M. DE LA CHAINIERE.

Monſieur.

M. DE TENDREVILLE.

Je vous dis, c'eſt que c'eſt ... Il y a là du
terrible, du pathétique, du déchirant ; cela eſt
admirable !

M. DE LA CHAINIERE.

Vous me donneriez de l'orgueil , ſi je ne
ſavois pas ....

M. DE TENDREVILLE.

Je vous dis, je n'ai jamais rien vu de pareil!
Je n'ai pas bien compris le ſujet ; mais c'eſt ma
faute ; car j'ai été ſi pénétré ....

M. DU RIVAULT.

Comment, vous n'avez pas vu que c'étoit un
Prince, qui ...

M. DE TENDREVILLE.

Si, j'ai bien vu que c'étoit un Prince amoureux.

M. DU RIVAULT.

Oui; mais à qui un pere cruel ne veut pas donner sa fille.

M. DE TENDREVILLE.

Le pere est donc un tyran ?

M. DU RIVAULT.

Oui, un tyran.

M. DE TENDREVILLE.

C'est une cruelle situation, & bien rendue.

M. DU RIVAULT.

C'est qu'elle est bien sentie ; parce que l'Auteur que vous voyez, l'éprouve actuellement.

M. DE TENDREVILLE.

Quoi, il est comme ce malheureux Prince ?

M. DU RIVAULT.

Précisément. Et, devinez qu'est-ce qui est le tyran ?

X ij

M. DE TENDREVILLE.

Qu'est-ce qui peut être un tyran vis-à-vis de lui ; qui pourroit même le devenir ?

M. DU RIVAULT,

Vous ?

M. DE TENDREVILLE.

Moi ! que me dites vous là ! Je ne serai jamais un tyran ; je ne les puis souffrir : ils ne sont dans les Pieces que pour faire le malheur des gens vertueux.

M. DU RIVAULT.

Si vous plaignez les gens vertueux, les voilà. Monsieur de la Chainiere aime votre niéce, il en est aimé : si vous ne consentez pas qu'ils s'épousent, que serez vous ?

M. DE TENDREVILLE.

Vous me prenez-là sur le tems.

M. DU RIVAULT.

Il faut décider.

M. DE TENDREVILLE.

Moi, je voudrois toujours ne voir que des

heureux , fur-tout quand ils le méritent , &
Monfieur a un talent . . .

M. DE LA CHAINIERE.

Celui de réuffir auprès de vous, Monfieur ,
fera fûrement pour moi toujours le plus pré-
cieux.

M. DE TENDREVILLE.

Il eft vrai que perfonne au monde ne peut
me convenir autant que vous. Allons , je vous
donne ma niéce ; aimez vous bien , mes enfans : mais , dans votre bonheur, Monfieur ,
n'oubliez jamais la Tragéde , car il n'y a de
plaifir véritable que celui-là.

M. DE LA CHAINIERE.

Ah , Monfieur, que d'obligations ! . . .

Mlle. DERINANT.

Mon oncle ! . . .

M. DE TENDREVILLE.

Paix donc ; vous m'attendririez encore , laiffez moi refpirer. Venez dans le jardin vous
promener ; je vais envoyer chercher mon No-

taire, & je veux que le contrat fe faffe fur le champ. M. du Rivault, ne vous en allez-pas.

M. DU RIVAULT.

C'eft un fpeɛtacle trop doux pour moi que de les voir au comble de leurs vœux, pour n'en pas jouir autant qu'il me fera poffible.

Fin du cinquieme Volume.

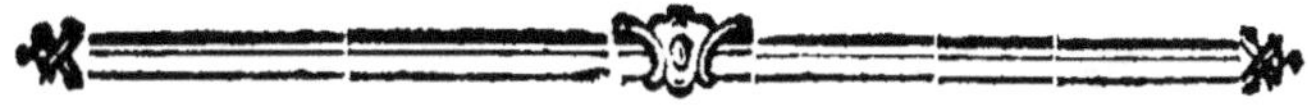

EXPLICATION
DES PROVERBES.

Contenus dans ce cinquieme Volume.

FIN.